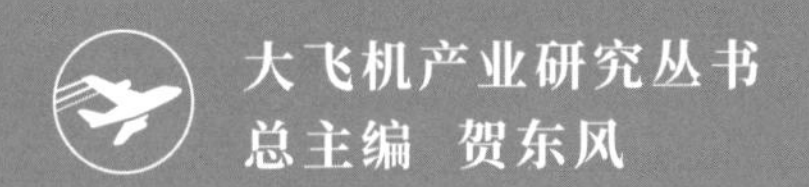

大飞机产业研究丛书

总主编 贺东风

战略贸易政策

美国大飞机产业补贴之道

Aerospace Strategic Trade

How the US Subsidizes the Large Commercial Aircraft Industry

【美】菲利普·K.劳伦斯

(Philip K. Lawrence)

【英】德里克·布拉登 / 著

(Derek Braddon)

史廉隅

徐庆志 / 等译

上海交通大学出版社

SHANGHAI JIAO TONG UNIVERSITY PRESS

内容提要

本书回顾了大型商用飞机贸易争端的起源和演变，分析测算了美国政府在1992—1998年间向民机制造产业链的上下游企业实施补贴的金额。通过深入分析，本书阐释了跨大西洋关系的变化对大型商用飞机贸易格局的影响，对于正确认识大型商用飞机贸易与国际地缘发展的联系具有借鉴意义。

图书在版编目(CIP)数据

战略贸易政策：美国大飞机产业补贴之道／(美)菲利普·K.劳伦斯(Philip K. Lawrence)，(英)德里克·布拉登(Derek Braddon)著；史廉隅等译. —上海：上海交通大学出版社，2022.11
(大飞机产业研究丛书)
书名原文：Aerospace Strategic Trade：How the US Subsidizes the Large Commercial Aircraft Industry
ISBN 978-7-313-26921-8

Ⅰ.①战… Ⅱ.①菲… ②德… ③史… Ⅲ.①民用飞机–产业发展–研究–美国 Ⅳ.①F471.165

中国版本图书馆CIP数据核字(2022)第178074号

战略贸易政策：美国大飞机产业补贴之道
ZHANLÜE MAOYI ZHENGCE：MEIGUO DAFEIJI CHANYE BUTIE ZHI DAO

著　　者：[美]菲利普·K.劳伦斯(Philip K. Lawrence)
　　　　　[英]德里克·布拉登(Derek Braddon)
译　　者：史廉隅　徐庆志 等
出版发行：上海交通大学出版社
地　　址：上海市番禺路951号
邮政编码：200030
电　　话：021-64071208
印　　制：上海万卷印刷股份有限公司
经　　销：全国新华书店
开　　本：710 mm×1000 mm　1/16
印　　张：13
字　　数：158千字
版　　次：2022年11月第1版
印　　次：2022年11月第1次印刷
书　　号：ISBN 978-7-313-26921-8
定　　价：66.00元

丛书编委会

本书译校团队

史廉隅　徐庆志　黄祖欢　张　婧　张沛宇
张　乐　陈若玮　何畏霖　柳宝卿

总　序

飞翔是人类共同的梦想。从中国神话的列子御风、古希腊神话的伊卡洛斯飞天，到圣本笃修会僧人艾尔默的翅膀、明朝万户的火箭，人类始终未能挣脱地面的束缚。20 世纪初，美国莱特兄弟驾驶自己制造的飞行者 1 号飞上天空，第一次实现了重于空气的动力飞行器可操纵、可持续飞行，人类文明一举迈入航空时代。从两次世界大战期间军用飞机大爆发，到和平年代商用飞机大发展，全球航空产业历经百年演进，孕育出大型客机（以下简称“大飞机”①）这一人类工业的皇冠。

大飞机的发展，是一部追逐梦想的不懈奋斗史。

几个世纪以来，无数科学家、梦想家、实践家用智慧、奋斗、奉献、冒险、牺牲铺就了人类飞天之路。从第一个开展飞行科学研究的达·芬奇，到开创流体动力学的丹尼尔·伯努利，从提出现代飞机布局思想的乔治·凯利，到首次将内燃机作为飞机动力的塞缪尔·兰利，经过前赴

① 大飞机这一术语并没有严格的定义。在本丛书中，学者们用到了商用飞机、民用飞机、大飞机等术语，商用飞机、民用飞机往往是相对于军用飞机而言的，民用飞机的概念相对宽泛，不仅包括航空公司用于商业运营的商用飞机，而且包括各种小型的民用飞机。大飞机一般指 100 座以上特别是 150 座以上的喷气式商用飞机。

后继的探索，经过两次工业革命的积淀，到 20 世纪初，飞机已经呼之欲出。继莱特兄弟之后，巴西的杜蒙、法国的布莱里奥、加拿大的麦克迪、中国的冯如、俄国的西科斯基，先后驾驶飞机飞上蓝天，将梦想变为现实。

百年来，从科学家、工程师到企业家，大飞机行业群星璀璨，英雄辈出。英国德·哈维兰研制了全球首款喷气客机，将民用航空带入喷气时代。美国比尔·艾伦领导波音公司推出波音 707、727、737、747 系列喷气客机，奠定了波音大飞机的霸主地位。法国伯纳德·齐格勒应用数字电传操纵和侧杆技术打造空客公司最畅销的机型 A320，奠定空客崛起的坚实基础。苏联图波列夫研发世界首款超声速客机图- 144，安东诺夫推出世界上载重量最大、飞行距离最长的安- 225 超重型运输机，创造了苏俄民用航空的黄金时代。

大飞机的发展，是一部波澜壮阔的科技创新史。

天空没有边界，飞机的发展就永无止境。战争年代的空天对抗、和平年代的市场竞争，催动大飞机集科学技术之大成，将更快、更远、更安全、更舒适、更经济、更环保作为始终追求的目标，不断挑战工程技术的极限。飞机问世不久，很多国家就相继成立航空科学研究机构，科学理论探索、应用技术研究、工程设计实践、产品市场应用的紧密结合，使得飞机的面貌日新月异。

从双翼机到单翼机，飞机的“体态”愈加灵活；从木布、金属材料到复合材料，飞机的“骨骼”愈加轻盈；从传统仪表驾驶舱到大屏幕玻璃驾驶舱，飞机的“眼睛”愈加清晰；航空电子从分散连接到一体化高度集成，飞机的“大脑”愈加高效；飞行控制从机械液压到电传操纵，飞机的“肌肉神经”愈加敏锐；发动机从活塞式到涡喷式再到大涵道比、高推力的涡扇式，使人类的足迹从对流层拓展至平流层。现代经济高效、安全舒适的大飞机横空出世，承载着人类成群结队地展翅于蓝天之上，深刻改变了人类交通出行的方式，创造出繁荣的全球民用航空运输市场。

大飞机的发展，是一部追求极限的安全提升史。

安全是民用航空的生命线，“不让事故重演”是这个行业的基本准则。据不完全统计，20世纪50年代以来，全球民用航空发生九千余起事故，其中致命事故近两千起，造成六万余人遇难。事故无论大小，民用航空都会进行充分的调查、彻底的反思，一次次的浴火重生，换来一系列持续扩充、高度复杂、极为严苛、十分宝贵的适航条例，让大飞机成为世界上最安全的交通工具。今天，世界民用航空百万小时重大事故率低于1，相当于人的自然死亡率，远远低于其他交通工具，但仍然不是零，因此，确保安全永远在路上。

适航性[①]是大飞机的基本属性，不符合适航条例要求、没有获得适航认证的飞机，不允许进入市场。美国是世界上第一个拥有系统适航条例和严格适航管理的国家，美国联邦航空管理局（FAA）历史悠久，经验丰富，其强大的适航审定能力是美国大飞机成功的关键因素之一。1990年，欧洲国家组建联合航空局（JAA），后发展为欧洲航空安全局（EASA），统一管理欧洲航空事务，力促欧盟航空业的发展，为空客的崛起发挥了重要的支撑保障作用。我国自20世纪80年代以来，已逐步建立完备的适航体系，覆盖了从适航法规、航空营运到事故调查等民用航空的方方面面。今天，适航条例标准不断提升、体系日益复杂，不仅维护着飞行安全，也成为一种极高的技术壁垒，将民用航空显著区别于军用航空。

大飞机的发展，是一部激烈竞争的市场争夺史。

大飞机产品高度复杂，具有显著的规模经济性、范围经济性和学习经济性，促使飞机制造商努力扩大规模、降低成本。虽然大飞机的单价

① 适航性，指航空器能在预期的环境中安全飞行（包括起飞和着陆）的固有品质，这种品质可以通过合适的维修而持续保持。

高，但全球市场容量较为有限，相比智能手机年交付上十亿台、小汽车年交付上千万辆，大飞机年交付仅两千架左右，不可能像汽车、家电等行业容纳较多的寡头企业。大飞机的国际贸易成为典型的战略性贸易，各国飞机制造商纷纷以客户为中心、以技术为手段、以产业政策为支撑，在每个细分市场激烈角逐，谋求占据更大的国际市场份额。很多研制成功的机型没能通过市场的考验，而一款机型的失利，却可能将一家飞机制造商带向死亡的深渊。

20 世纪 50 年代，波音 707 力压道格拉斯 DC－8，打破了道格拉斯在客机市场近 30 年的垄断。60 年代，波音 747、麦道 DC－10 和洛克希德 L－1011 争雄，L－1011 不敌，洛克希德退出客机市场。70 年代，欧洲联合推出 A300，在可观的财政补贴下，逐步站稳脚跟，空客公司成为大飞机领域的二号玩家。80 年代，空客推出 A320，与波音 737 缠斗数十年，而麦道 MD－80/90 在竞争中落败，导致企业于 90 年代被波音公司兼并。进入 21 世纪，加拿大庞巴迪力图进军大飞机领域，曲折艰难地推出 C 系列飞机并获得达美航空 75 架订单，引发波音公司诉讼而止步美国市场，遂将 C 系列出售给空客公司，彻底退出商用飞机领域。

大飞机的发展，是一部全球协作的产业变迁史。

早期的客机，技术相对简单、成本相对较低，有着众多的厂商。伴随着喷气飞机的出现，产业集中度快速提升。美国的马丁、洛克希德、康维尔、道格拉斯等一大批飞机制造商在激烈的厮杀中一一退出，最终仅波音公司一家存活。欧洲曾经孕育了一大批飞机制造商，如德·哈维兰、英宇航、达索、法宇航、福克、道尼尔等，最终或退出市场，或并于空客公司。今天，全球大飞机产业形成了波音、空客双寡头垄断格局，波音覆盖 150～450 座，空客覆盖 100～500 座，两家公司围绕全产品谱系展开竞争。在两大飞机制造商的牵引下，北美和欧洲形成两个大飞机产业集群。

在产业格局趋于垄断的同时，大飞机的全球分工也在不断深化。出于降低成本、分担风险以及争夺市场等方面的考虑，飞机制造商在全球化的时代浪潮下，通过不断加大业务分包的比例，建立和深化跨国联盟合作，形成飞机制造商—供应商—次级供应商的“金字塔”产业格局，将企业的边界外延到全球，从而利用全球的科技、工业、人才和市场资源。在此过程中，新兴经济体通过分工进入产业链的低端后，不断尝试挑战旧秩序，逆势向飞机制造商的角色发起了一次次冲锋。然而无论是采取集成全球资源、直接研制飞机的赶超战略，还是选择成为既有飞机制造商的供应商、切入产业链后伺机谋求发展的升级战略，以塑造一家有竞争力的飞机制造商的目标来衡量，目前成功者依然寥寥。

大飞机研制投入大、回报周期长、产品价值高、技术扩散率高、产品辐射面宽、产业带动性强，是典型的战略性高技术产业。半个多世纪以来，各国学者围绕大飞机产业的发展，形成了琳琅满目、浩如烟海的研究成果，涉及大飞机产业发展历程、特点规律、战略路径、政策效果等方方面面，不仅凝聚了从大量失败案例中积累的惨痛教训，也指引着通往成功的蹊径，成为后发国家汲取智慧、指导实践以及开展理论创新的重要参考。相比之下，中国的研究相对较少，可以说凤毛麟角。为此，我们策划了这套“大飞机产业研究丛书”，遴选、编译国外相关研究，借他山之石以攻玉，帮助更多的人了解大飞机产业。

我们的工作只是一个开始，今后将继续努力推出更多优质作品以飨读者。在此，感谢参与本丛书出版工作的所有编译者，以及参与审校工作的专家和学者们，感谢所有人的辛勤付出。希望本丛书能为相关人员提供借鉴和启迪。

译者序

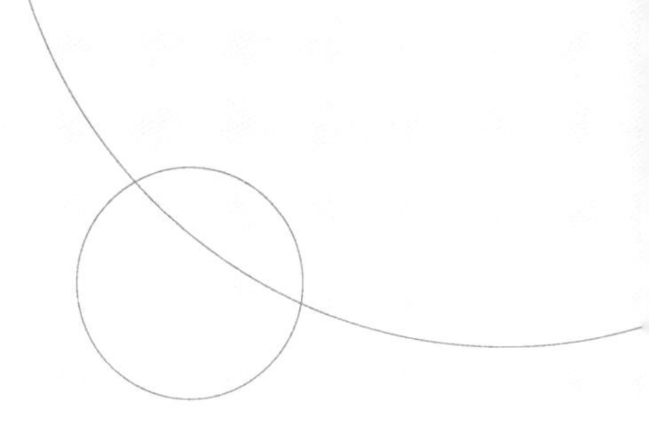

大飞机产业是高科技、高附加值产业，产业本身的高价值和产业链的长度意味着发展大飞机产业能够创造大量高质量的就业机会，并能够拉动产业链整体增长。但是，大飞机产品的同质化和其市场的高度竞争性又决定了大飞机贸易是战略性贸易而非自由贸易，各国政府会以各种渠道强化本国大飞机在国际市场的竞争力，力争在国际市场占据更大份额。历史上，美欧针对大飞机的贸易问题进行了多轮谈判，并于 1992 年达成妥协，但双方关于不正当补贴的争论延续至今。

在本书中，菲利普·K. 劳伦斯(Philip K. Lawrence)建立了一个研究美国对大飞机产业补贴的分析框架，就美国政府对大飞机产业的不正当补贴进行解析。劳伦斯的选题并不独特，但是本书的两个独特贡献值得后来者们思考：一是以历史视角观察大飞机贸易争端与全球地缘发展演变的有机联系；二是利用公开信息通过数字建模计算出有关补贴的具体金额。得益于其复合的学术背景，劳伦斯在政治、经济和工程学领域都接受过良好的学术训练，也形成了他独特的研究方式。跨学科、跨专业的研究方式和叙事手法使劳伦斯区别于其他航空产业的研究者，而这种同时具备宏大视角和微观计算的研究方法或许也更契合大

飞机的本质——既是大国综合实力的象征，又是百万个零部件的集成。

通过回顾大飞机贸易争端的起源和演变，以及对美国补贴金额的计算，劳伦斯认定美国政府在1992—1998年间以美国国家航空航天局(National Aeronautics and Space Administration，NASA)和美国国防部(United States Department of Defense，DoD)为主要载体，向波音、麦道和其他民机制造产业链的上下游企业输送了大量的公共财政资金，以维持美国民机制造在国际市场上的优势地位。此外，劳伦斯还指出大飞机贸易争端的形成不仅是因为空客公司在生产工艺和设计能力上逐步追赶甚至超越了波音和麦道，还因为苏联解体所带来的一系列地缘格局的变化使得北约的军事价值迅速降低，欧洲国家也就无法接受美国继续通过掌控全球大飞机市场回收其对北约的军事投资。当跨大西洋关系发生深刻变化时，新的大飞机贸易格局也随之形成。

劳伦斯撰写本书时正值世纪之交，空客在新订单获取量上首次超过波音，贸易争端再次升温。美国方面指责欧洲国家违反协定进行不正当补贴的声音甚嚣尘上。劳伦斯自1996年起开始担任空客公司的特别顾问，本书的研究成果在当时无论是在舆论上，还是在具体谈判中，都有力地支撑了欧洲方面的观点。

本书出版至今已经超过20年，虽然书中关于美国不正当补贴的计算已经失去其时效性，但是劳伦斯在这项研究中所使用的信息检索和分类方法、数字模型和计算逻辑，依然值得今天的研究者们学习借鉴，因为应用这些方法可以从有限的公开信息中得出可量化的结论。

当今时代，世界正处于百年未有之大变局，新技术、新理念加速发展，地缘形势将经历比苏联解体时更加深刻的变化，而全球大飞机贸易关系也将再度开始演变，我们从近期的波音空客贸易争端中已可窥得变化之一隅。毫无疑问，这一趋势还将延续下去，直至新格局形成。形势的变化要求我们正确认识大飞机贸易与国际地缘发展的有机联系。从这个角度看，书中相关内容依旧具有很强的现实意义。

前　言

美国并不是第一个研发出高性能战斗机、喷气式发动机、弹道火箭或商用喷气式飞机的国家。然而,在过去的80年里,每当联邦政府下定决心,将某一事项确立为国家的优先事项并给予充足的资金支持时,我们就会向前迈进并取得主导地位。

——参议院军事委员会:采购与技术小组委员会

1997年4月10日

总览

人们通常认为,美国经济按照自由市场和放任原则运行,这意味着美国的政策制定者并不会向工业领域或商业领域提供政府支持。在许多情况下,这种认识符合实际,但对诸如航空航天这样的战略型产业而言,情况则并非如此。鉴于美国空军在整体DoD中的核心地位,同时考虑到航空航天技术是美国安全系统的物质基础,美国政府历来高度重视对航空航天产业的支持。在冷战时期,由于要面对苏联这样一个能够摧毁其城市和基础设施的战略对手,美国政府更不可能将军事航空航天产业的命运完全交给自由市场。

美国国防和航空航天产业的相关配套政策并未引起任何争论,事

实上西方在冷战期间的安全高度依赖这样的政策。但同时我们必须认识到，美国在商用航空航天领域，尤其是大型商用飞机领域的主导地位建立在由美国政府出资研发的国防技术的基础之上。著名的美国产业经济学家莫厄里（Mowery）和罗森伯格（Rosenberg）指出："……商用飞机技术发展史就是一部军用技术应用于商业领域的发展史。"本书将论证美国联邦政府在1992—1998年间对美国大型商用飞机产业进行财政支持这一事实，并展现美国是如何通过以研发补贴为基础的产业政策来开展航空航天产业的战略性贸易。本书基于1996—1998年编制的航空航天产业政府支出数据库进行分析。此外，NASA的研发合同数据（尤其是1996—1997年间的相关数据）也对相关分析进行了重要补充。综上，本书主要用到了两类数据。其一是1992—1998年间美国政府资金流入航空航天产业以及大型商用飞机产业的数据。这部分信息来源于附录B中所列举的美国国会和其他来源文件中的详细预算数据。其二，除这部分数据之外，NASA 1996—1997年的研发合同也显示有资金流入波音公司和麦道公司的大型商用飞机项目。第一类信息展示了一种"自上而下"的财政支持模式，而第二类信息则展示了一种"自下而上"的财政支持模式。

此外，世界贸易组织（World Trade Organization，WTO）有关补贴规则和限制的内容是贯穿全书的一个隐性参考框架，这些内容可以从世界贸易组织《补贴与反补贴措施协议》中获取。

本书中关于大型商用飞机国家产业政策的分析清楚地表明美国政府向大型商用飞机产业提供了大量财政支持。这些补贴大多来自NASA和DoD的研发计划。

NASA对美国大型商用飞机产业的补贴

表P.1展现了NASA领导下的航空科技研发项目的规模。根据表中数据，1993—1998年间所有项目的预算总额约达到52.4亿美元。

表 P.1　NASA 航空航天研究与技术项目预算

（单位：百万美元）

	1993 财年	1994 财年	1995 财年	1996 财年	1997 财年	1998 财年	总计
研究与技术基础项目	436.5	448.3	366.3	354.7	404.2	418.3	2 428.3
先进亚声速技术项目	12.4	101.3	150.1	169.8	173.6	211.1	818.3
高速研究项目	117.0	187.2	221.3	233.3	243.1	245.0	1 246.9
其他	299.7	83.9	144.3	159.5	23.3	45.7	756.4
总计	865.6	820.7	882.0	917.3	844.2	920.1	5 249.9

NASA 通过这些公共预算支持的研究和技术项目的技术转移来补贴和支持大型商用飞机产业的发展。事实上，其中许多项目都由大型商用飞机制造商负责完成。制造商在完成项目合同的同时，相关项目产生的技术和知识成果也随之转化成为企业资产。

NASA 对于研究和技术项目的资金支持是必要的，因为美国当局清楚地认识到私有企业不可能或者不愿向这些项目投入充足的资金。由于美国当局在 20 世纪 90 年代认为美国大型商用飞机产业在先进飞机技术的关键领域已经落后于空中客车工业公司（以下简称“空客公司”），因此这些源自政府的资金支持方案都会获得批准。

我们估算 NASA 在 1992—1997 年间用于发展航空产业的支出总额为 73 亿美元。尤其值得注意的是，其中外包项目（授予有关航空航天企业的研究与技术合同）的价值为 35 亿美元，而其中用于开发民用或军民两用的技术项目的总价值达到 31 亿美元（见图 P.1）。

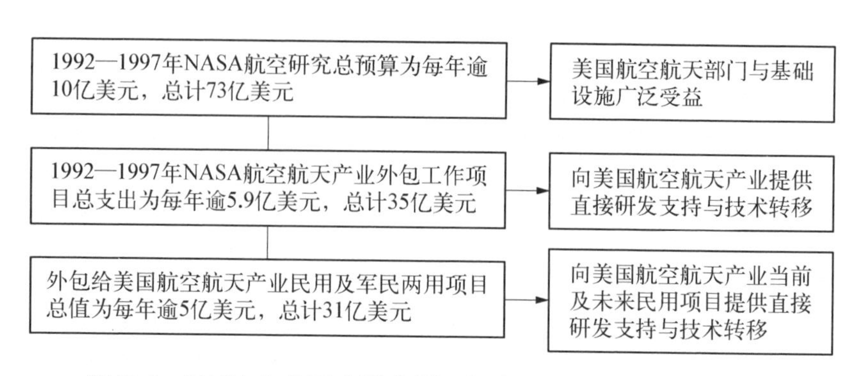

图 P.1　NASA 向美国大型商用飞机产业所提供的资金及流向

DoD 对大型商用飞机产业的补贴

正如我们之前提到的，美国在民用航空产业的主导地位源于 DoD 对军用航空航天产业的大规模资金投入。在民用喷气式飞机产业发展的早期阶段，共有两种较为典型的发展模式：一种模式是飞机整体的机体、机载系统从军用领域剥离并运用至商用领域（军民协同）；另一种模式则是同步研发军用和民用两种机型以降低风险，波音 707 飞机项目就采用了这种模式。时至今日，技术剥离的流程变得愈加复杂，美国方面也通常会否认第一种模式（军民协同）的存在。但是，我们的分析将证明这一说法是完全错误的。在航电系统、设计工具、制造技术和材料等关键领域，第一种发展模式（军民协同）依然发挥着决定性作用，在这些领域军事技术拥有着一种我们称之为“具备剥离并进行再应用”的潜力。因此，在第 5 章中我们会向大家展示，正是波音公司在 B-2 轰炸机项目中所做的工作使其具备制造树脂基复合材料（polymer matrix composites，PMC）大型飞机结构件的能力。尽管这些复合材料结构件在减轻飞机重量和降低运营成本方面持续发挥着决定性作用，但其制造成本十分昂贵。因此，利用 DoD 资金对复合材料技术进行验证对于波音公司是极为有利的。除此之外，正如菲尔·康迪特（Phil Condit）在《周日时报》（*Sunday Times*）中所述，在联合攻击战斗机研发项目实施过程中开发的飞机设计工具也会被应用于波音的未来民用飞机项目(《周日时报》,2020 年 12 月 6 日)。

量化 DoD 对大型商用飞机产业的支持

总体而言,DoD 在飞机技术研发中投入的资金总量远超 NASA。但是,要准确地识别出每年几十亿国防经费中与飞机技术研发相关,且被用于支持和补贴美国大型商用飞机制造业的费用并非易事。

为了估算 DoD 对商用飞机领域补贴的金额,我们将技术发展与技术研究项目的经费单独列出,因为这类项目具备清晰的军民两用潜力,也即:具备应用于民用领域的潜力。随后我们确定了这些项目中由两家美国主要商用飞机制造商所承担部分的占比。在此基础上,我们估算出 DoD 在 1992—1997 年间,向商用飞机领域提供的补贴金额为每年约 5.6 亿美元或总计约 34 亿美元。表 P.2 展示了这一金额的统计详情。

表 P.2 DoD 各部门向大型商用飞机产业提供的财政支持

(单位:百万美元)

年　份	研究与技术部门	研发部门	采购部门	总　计
1992	219	219	126	564
1993	253	257	80	590
1994	236	154	70	460
1995	277	213	66	556
1996	272	263	58	593
1997	279	255	60	594
总计	1 536	1 361	460	3 357

以上数据包括了独立研发项目的资金支持，这类资金通常被作为采购合同中的间接费用支付给美国飞机制造商。对飞机制造商而言，这是一种非常直接的收益形式，在过去可能会占到一家大型商用飞机制造商研发支出的5%(COTA，1991)。

结论

美国政府通过NASA的技术研究项目和DoD的研发项目补贴美国大型商用飞机产业，并通过这些项目成果的技术转移支持其大型商用飞机产业的技术发展。这些补贴来自如下：

（1）NASA基础研究与技术计划。

（2）NASA航空重点计划。

（3）DoD外包给大型商用飞机主要制造商的军民两用技术研究和技术开发合同。

分析表明，1996—1997年间，美国大型商用飞机产业每年自这些项目中获得的补贴超过10亿美元。

理解补贴的定义

基于以下几个原因，前面所提及的补贴数额无疑较为保守。首先，技术转移的实际价值可能远超合同本身的金额。相关技术在未来大概率会持续创造收益，在某些情况下收益甚至会贯穿整个项目的生命周期。事实上，像波音公司这样的企业在过去几十年间持续从政府对设施、资本设备以及人员的投资中获取巨大利益，这些制造商利用政府的投入培养了独特且无价的竞争力。对于发展中国家，建立航空航天产业基础所需的沉没成本是巨大的。但对美国而言，由于与苏联的冷战对抗，因此美国可以将其投入的沉没成本合理化。

其次，DoD可能有一些涉密或黑色项目。由于我们无法获取这些项目的信息，因此无法计算这些项目的收益。据传闻，参与这些项目的工程师通常被允许将DoD的研究和技术成果应用于后续的本土民用项目。

最后,我们也假设过 NASA 金额巨大的空间研究预算并没有为美国大型商用飞机产业提供任何补贴。但类似波音 777 短舱上使用的钛合金是从 NASA 资助的 NASP X-30 项目成果发展而来。

综上,我们认为美国大型商用飞机产业每年实际获得的政府补贴数额很可能是我们所测算的 10 亿美元的两倍或更多。

目　录

第 1 章
引言：相关解释和研究范围

1.1 研究目的

较过往对美国大型商用飞机产业（large commercial aircraft, LCA）的研究而言，本书旨在针对这一问题提供更详细和更准确的分析（相关历史研究见第2章）。本书所提供的信息对目前大型商用飞机的贸易争端至关重要。因为，自20世纪90年代初以来，美国政府加强了对大型商用飞机产业的支持力度，但似乎并不担心这些政府支持行为会违反《关税贸易总协定》中有关飞机贸易的条款，进而引起法律问题。简而言之，美国当局似乎相信，对包括美国大型民用飞机制造业在内的美国航空航天产业提供价值数10亿美元的支持并不构成补贴。本书将对这一假设提出疑问并论证补贴确实存在，意在拓宽和加深欧洲社会对于美国大型民用飞机制造业的理解，同时将更加准确地追溯流入美国大型商用飞机制造企业[以在1997年与其国内最大竞争对手麦克唐纳·道格拉斯公司（以下简称“麦道公司”）完成合并的波音公司为代表]的政府资金。

美欧之间关于大型商用飞机的贸易摩擦主要是围绕政府补贴展开的。对于欧盟来说，一个长期存在的问题就是美国商务部、美国贸易代表署以及相关产业的主管官员始终否认美国政府曾以任何形式向大型商用飞机项目提供援助。本书将论证美国大型商用飞机产业获得了来

自政府的巨额补贴,并展示相关补贴的具体形式和数额。在第1章中我们将引出此重要观点,并且在后文的分析中将重点聚焦以下几点:

(1) 研究与开发过程的解释与定义。

(2) 补贴的本质和定义。

(3) NASA 和 DoD 开展研究与技术(research and technology, R&T)发展项目的目的。

(4) 美国军民协同效应的存在。

1.2 基本概念

本书旨在展现美国大型商用飞机产业如何从美国联邦政府支持的研究项目中获益。

1.2.1 研发的定义和说明

一言以蔽之,“研发”这一概念贯穿书中针对美国补贴的所有调查与分析。在美国航空航天产业、政府机关和研究机构内部,研发(research and development, R&D)流程通常被称作“研究与技术”。在欧洲,开发(development)却被普遍认为是一项独立的活动,通常在以生产为最终目标进行零部件、系统以及平台开发时开始。

不过,鉴于研究与技术是研发过程的早期部分,研发这一通用术语并非不可用 R&T 来表述。DoD 使用的术语更为复杂,整个研发流程被称为“研究、开发、测试与评估”(research, development, test and evaluation, RDT&E)。

为了帮助读者更好地理解本书中的内容,我们将列举并介绍本书中研发流程的定义。我们采用了由托马斯·皮内利(Thomas Pinelli)

等人编著的论文集《NASA/DoD 航空航天知识扩散研究》中的术语定义，将研发分为如下三个不同的阶段：

（1）研究与技术开发（R&T development）。

（2）技术演示（technology demonstration）。

（3）系统开发（systems development）。

这三个阶段涵盖了研发过程中一系列相互关联的活动，在此过程中新技术将经历定义、论证、建模三个阶段并最终进入系统开发环节。在本书中，研究与技术以及技术演示的概念仅指项目预期产生的成果，与研发过程中的物理机制无关（Pinelli et al.，1997：111）。同时，系统开发在此主要指制造飞机系统件的活动或将被应用于具体平台的系统。本书中我们将 NASA 的活动定义为研究与技术，因为理论上这些活动在进入系统开发阶段前就已经终止。

必须谨记的是，NASA 所开展的新项目始终关注对于技术的演示，因为演示涉及对与最终被投入市场的飞机构型高度相同的构型进行测试，这对大型商用飞机产业的发展意义重大。换言之，技术演示衔接了研究与技术开发阶段、系统开发阶段，私有企业可直接从中获益。承担技术演示的企业能够大大减少后续系统开发阶段的开支，从而降低企业的财务风险。正如《NASA/DoD 航空航天知识扩散研究》所述，美国大型商用飞机部门深度参与了 NASA 与 DoD 领导下的大量技术论证工作（Pinelli et al.，1997：112）。

1.2.2 DoD 对研发的定义

NASA 的研究与技术对应了 DoD 预算分类中的 6.1 类（研究）、6.2 类（探索性开发）和 6.3A 类（高级工程）的内容，但 DoD 的研发还包括了 6.3B 类及之后的预算分类的内容，即涵盖了开发阶段的工作。因此在本书中，我们进行了如下的定义：在提及 DoD 的研发活动时，使用“研究、开发、测试与评估”来表述，在提及 NASA 的研发活动时，使用“研究与技术”来表述，对其余不涉及这两个机构的研发过程，统一使用“研发”进行表述。

需要注意的是，本书引用的部分文献会使用诸如“研究、开发与生产”(research, development and production, RD&P)这样的术语，可能会给读者查阅带来一定困扰，对此我们深表歉意。

1.3 NASA 与 DoD 支持美国大型商用飞机产业的渠道

补贴美国大型商用飞机产业的两种主要渠道是 NASA 的研究与技术项目和 DoD 的研究、开发、测试与评估项目。除此之外，DoD 还通过一些其他渠道补贴美国大型商用飞机产业。以下这些行为构成了 NASA 与 DoD 补贴其大型商用飞机产业的基础。

1.3.1 NASA 的渠道

构成 NASA 补贴大型商用飞机产业基础的行为如下：

(1) 美国政府投资建造设施，提供生产材料，派驻科研人员，以巩固美国航空航天产业在全球的领先地位。

(2) 通过开展通用技术研究与基础技术研究，向大型商用飞机产业提供长期技术转移。

(3) 开展航空重点项目研究，向处于多定义概念阶段的大型民用飞机项目提供技术转移。

(4) 通过技术演示将概念分析落实到具体的组件、系统或平台。

(5) 对参与 NASA 所属项目的大型商用飞机产业人员进行技能与知识培训，完成技能和知识转移。

1.3.2 DoD 的渠道

构成国防补贴大型商用飞机产业基础的行为如下：

（1）通过军用飞机采购将军用飞机的机体技术、航空电子设备、飞行管理系统和推进技术转移到民用飞机项目上。

（2）就具有技术转化潜力的军用飞机系统和平台签署研发合同。

（3）在采购合同中单独列支研发资金作为额外费用。

（4）通过军方采购缓解商用市场的衰退。

（5）倡导军民两用，促进可用于国防系统的民用技术的发展。

（6）开展制造技术优化（ManTech）项目，提高主要航空航天制造商与其供应链的生产效率。

（7）对转入民用项目的国防项目工程师进行培训。

当然，美国政府对大型商用飞机产业的支持并不仅限于上述途径，还包括税费减免、出口财政支持以及具体的销售支持。此外，美国商务部和能源部也采取技术举措，助力美国大型商用飞机产业的发展。

1.4 NASA 研究与技术项目的作用

如今，知识是企业的核心竞争力已成为共识。正如戈利奇（Golich）和皮内利所述，知识是研究人员实现突破创新的基础，也是一个国家或企业在这个充满竞争的世界中赖以生存的核心能力（Golich and Pinelli, 1998: 1）。与学术界相比，商业界形成这样的共识较慢，但近年来媒体以及一些管理学期刊中的文章都显示商业界已经认识到“知识管理”的战略价值（Schendel, 1996: 166）。一些研究指出，知识并不总是存在于企业内部，需要跨越机构的边界进行传播（Lynskey,

1999：317）。

知识管理的前提是创造知识和传播知识，NASA在创造和传播航空知识方面所发挥的作用值得做进一步解释。如今知识已成为航空产业的核心竞争力，大型商用飞机制造商需要持续提高自身的技术知识以维持其商业竞争力。波音首席执行官菲尔·康迪特（Phil Condit）在1987年简明扼要地阐述了知识与竞争力之间的关系——无法创新就注定失败。要实现创新，除了在研究、技术、开发三方面加大投入，还需加强知识在相关机构间的传播。民用航空对于先进技术的需求源自大型商用飞机产业的巨大商业竞争压力。制造商必须加快新机型的研发速度，同时以更短的时间将最新技术推向市场。除此之外，新产品必须能够降低其客户的直接运营成本。在后续对波音777的案例分析中，我们将展示波音如何在美国政府的帮助下实现这一目标。以NASA为首的政府部门所起到的重要作用，就是填补研发所需资金与私有企业实际出资之间的缺口。正如《NASA/DoD航空航天知识扩散研究》中所述：

> 在大型商用飞机产业中，一家私有企业几乎不可能独自负担研究与技术开发的全部成本。即使产品最终能够获得成功，投资回报周期也将长达10～15年，因此市场对新机型的需求不足以推动企业投资研发新机型。而考虑到大型商用飞机制造业的战略价值，拥有本土大型商用飞机制造商的政府都会投入资金以降低企业所承担的风险（Pinelli，et al.，1997：65）。

因此，美国政府支持的航空产业研究和技术项目可完全被视为对美国企业的补贴，其目的是帮助企业在技术知识领域保持领先地位。在NASA每年价值超过10亿美元的航空技术研发合同中，有75%被承包给私有企业以维持这些企业的技术优势，其中又有65%被授予航空航天企业。航空航天企业除了可以在当前和未来项目中利用从这些合同中获取研究和技术成果，执行合同的过程实际上也是对这些企业的雇员进行训练和再培训。

1.5 航空技术知识的本质

大型商用飞机制造商为了保持竞争力需要储备不同种类的知识，这些不同种类的知识被经济学家称为“企业的内在竞争力”。内在竞争力通常蕴含在企业的技术和组织能力中。考虑到知识对降低技术与财务风险所起的核心作用，知识获取已成为大型商用飞机制造商的主要任务之一。皮内利认为，对研究与技术项目的公共投入可以提高企业的以下四类知识水平(1997：63)：

(1) 产品知识。

(2) 过程知识。

(3) 系统集成知识。

(4) 管理知识。

产品知识蕴含在飞机的零部件、系统、材料以及结构之中，因此最新的航电系统、零部件、复合材料等实际上都体现着产品知识。

过程知识通常体现在工艺和部分大型商用飞机的制造流程之中。由于这类知识很难被具体描述，因此难以将之量化。在工程界，过程知识通常与“工程判断”这一概念紧密联系在一起。

系统集成知识指制造现代民用飞机所需的将特殊材料、系统以及零部件进行集成的能力。事实上，民用飞机比核反应堆更为复杂。在大型商用飞机的制造过程中，进行总装以及各部门间的协同就体现了系统集成知识。

管理知识指管理项目、领导团队以及组织有效协作和沟通的能力。在大型商用飞机产业中，管理知识的作用之一在于掌控隐含在供应商和其供应链中的整体价值链。

在美国大型商用飞机产业中，相关企业通过获取公共财政支持提升这四类知识水平，并从中获取巨大利益，其中最核心的收益体现在产品知识和过程知识的提升上。系统集成知识和管理知识的提升通常可以通过企业自身获取。除此之外，有部分证据表明公共财政还对制造流程的研究提供支持。例如，DoD的制造技术优化项目就是以优化制造流程为研究目的。另一个较新的案例则是美国空军支持麻省理工学院开展的“精益航空航天计划”(lean aerospace initiative, LAI)。该计划集结了学术界、产业界以及政府的力量，意图革新美国航空航天企业的系统集成能力与管理能力。

产品知识和过程知识是飞机制造商的核心竞争力。事实上，公共财政支持的NASA研究项目提升了飞机制造企业的核心竞争力，并由此向企业提供了直接帮助。本书第3章将会谈到，在航空基础研究与技术计划下，NASA开展了一系列探索性的基础研究。而私有企业考虑到成本因素通常不会主动开展此类研究。基础研究与技术计划推动了一系列的技术创新，最终这些技术创新均被应用于某些大型商用飞机项目上。

在先进亚声速技术计划(advanced subsonic technology program, AST)和高速研究计划(high speed research program, HSR)等聚焦航空产业的研究计划中，研发活动与实现企业的商业目标密切相关。例如，研发低成本复合材料来实现降低机体重量、缩减运营成本的目的。正如美国竞争力委员会在某份报告中所提到的，这些研究项目通常与大型商用飞机产业所面临的商业压力直接挂钩：

出于对美国商用飞机制造商的技术能力可能会落后于空客公司的担忧，同时，为了帮助美国企业解决在新技术商业化过程中已经出现的问题，NASA 启动了先进亚声速技术计划和高速研究计划等研究项目。除此之外，NASA 还通过准确衔接科研项目的结束时间与商业项目的开始时间，以便研究计划更好地融入整个商业制造的流程之中。

1.6 军民协同效应

最近美国社会流行一种观点，即军民协同效应在大型商用飞机产业中的作用已经开始下降。该观点简单地认为美国联邦对于军事领域的投资不会使民用科技发展获益，这显然是站不住脚的。事实上，DoD 通过军用技术的转化潜力以及国防和民用领域中零部件、系统及平台间的协同作用来扶持美国大型商用飞机产业。正如罗兰（Roland）所述，一个领域的重大进步可以被应用于另一领域，军用技术与民用技术之间并没有绝对的分界线。

1.6.1 军民协同的技术基础

本书对美国大型商用飞机补贴的分析基于一个关键性假设，即航空研究与技术是飞机通用的。人们常常忽视的是，虽然民用飞机产业与军用飞机产业按用途不同进行划分，但不同的设计目标并不妨碍它们使用相同的技术。以航电系统为例，军用飞机与民用飞机的航电系统虽然大不相同，但都使用了由电脑控制的飞行管理系统相关的通用技术，其航电设备都由高度集成的模块化部件组成。因此，尽管大型商用飞机与战斗机的用途大相径庭，它们的航电系统却存在许多关联之

处。例如，波音777客机采用了基于霍尼韦尔公司的飞机信息管理系统（aircraft information management system，AIMS）研发的航电设备套件，然而率先使用第一代数字航电系统的其实是美国空军的F-15和F-16战斗机。20世纪80年代的“宝石柱”（Pave Pillar）计划以及“宝石台”（Pave Pace）计划共同推动了航电设备模块化设计理念的发展，为此后波音777客机的研发打下了基础。

1.6.2 材料研究与技术开发过程中的军民协同效应

军民协同效应存在于材料研究与技术开发的过程中。目前，降低飞机的直接运营成本，尤其是降低飞机油耗与维护成本是大型商用飞机产业发展的当务之急。

1.6.2.1 案例一

以复合材料替代传统合金材料可以降低飞机油耗，而复合材料技术中的树脂基复合材料技术尤为关键。目前，大型民用飞机10%～15%的结构已经可以使用树脂基复合材料，但一些制造方面的挑战阻碍了复合材料的广泛应用。对于民用飞机产业而言，军方支持的研究项目降低了复合材料的制造成本，使得制造商能够将复合材料应用于民用飞机的结构上。我们在第4章会分析波音公司作为次级供应商参与B-2轰炸机研发的过程，以及这如何帮助波音公司发展复合材料的技术，并最终将这些技术应用于波音777客机的研发。《航空周刊》的记者威廉·斯科特（William Scott）也曾表示，波音公司在B-2轰炸机的研发合同中获得了来自DoD的1亿美元以开发制造轰炸机的创新工艺，其中部分研究成果被波音公司直接应用于波音777项目中。

1.6.2.2 案例二

除了树脂基复合材料之外，一些合金材料新技术也被应用于大型民机的生产，其中就包括金属基复合材料（metal matrix composites，

MMC）。公共财政在钛合金以及高温合金的制造研发中同样起到了决定性作用。美国国家研究委员会认为制造技术优化项目为整个行业带来了等温锻造和净成形制造的高温合金技术。在 NASP X-30 项目中开发的新型钛合金材料被应用于波音 777 客机的发动机短舱上。另一个案例是钛 10-2-3 在波音 777 客机和 C17 起落架上的应用。这些新合金技术与树脂基复合材料一样，制造成本高且工艺复杂。因此，如果 DoD 不开展类似制造技术优化这样的研究项目，来推动新技术在商用前先提高制造效率，那么私有企业就无法独自负担研发成本，亦无法将这类最新技术应用于大型商用飞机。

我们在此引用上述案例主要是为了反驳军民协同效应正在衰退这一错误观点。

1.6.2.3 案例三

除了上述案例之外，在整个机体技术层面，重型运输机、加油机以及大型民用飞机之间也存在很强的军民协同效应。即使是现代战斗机，也包含新材料和航电设备这样有民用潜力的技术。目前，部分正在推进中的军民两用研究项目更加佐证了我们的观点。这些项目计划将民用技术用于国防领域，并由此减少与国防相关的民用技术的研发成本。本书第 4 章将进行进一步阐述。倘若如一些人所说，军民协同效应目前正在消失，那么这些项目也就完全失去意义了。表 1.1 中列举了一些军民协同以及可能产生技术共用的研究项目。

表 1.1　具有军民两用潜力的领域

专　业	军民两用产业
空气动力学	计算流体动力学、空气动力学模拟和设计工具
机体功能	空中加油机、重载飞机、货运飞机

（续表）

专　业	军民两用产业
航空电子学	模块化集成航空电子设备、电传操纵、光传操纵、平板显示器、任务管理系统等
设计业	计算机辅助设计、计算机辅助制造工具
制造业	精益制造、激光加工、计算机数控、复合带式加工、等温锻造
材料学	复合材料、铝钛合金、金属基复合材料

1.6.3 飞机制造供应链中的军民协同效应

军民协同效应也存在于飞机制造的整个供应链中。随着飞机研发与生产外包的增加，一些零部件供应商与经销商获得了同时参与军用与民用飞机两个产业的机会，他们同样可以通过政府资助的研究项目获取技术，最终进入美国大型商用飞机的产业链。目前，每架波音飞机总工作价值的50%已被分包给了不同的供应商与经销商，因此，政府补贴实际上也流入了这些企业。在表1.1中所列举的技术领域中，部分为军用飞机开发的零部件和系统也可被用于民用领域。而对于军用加油机和运输机，则具备整机民用化的潜力。在我们撰写本书的同时，波音公司正在筹划推出从麦道公司继承的C-17军用运输机的衍生机型MD-17货机。因此，军民协同效应衰退这一观点的真实性与准确性还有待深入讨论。事实上，军民两用的技术研发项目并没有消失，只不过变得更加复杂和难以追溯。如若军民协同效应真的正在减弱，那么波音公司收购麦道公司的逻辑何在？我们在后文中会证明，克林顿政府正在重组军用航空航天以及民用航空航天两大产业，以使它们更加紧密地合作与互相

融合。考虑到军用与民用航空航天产业之间的巨大差异，也许有人依然会质疑上述观点。但我们想在此重申一次，军民协同效应衰退的观点显然缺乏证据。

1.7 本章小结

美国政府通过不同途径对美国大型商用飞机产业进行补贴，其中大部分通过 NASA 和 DoD 实施。各类补贴意在帮助美国大型商用飞机产业维持其在全球范围内的领导地位。NASA 的研究与技术项目是对美国大型商用飞机产业进行补贴的形式之一。这些项目可以产出技术和知识，并通过技术转移将成果与民用飞机制造商共享。我们认为，正是由于私有企业无法或不愿负担高昂的研究成本，才会产生公共财政支持的研究与技术项目。当前，知识已成为企业的核心竞争力，而 NASA 的这些项目正能够帮助美国企业夯实、提高自身的知识基础，以确保其在全球企业中的竞争优势。此外，这些项目还帮助私有企业降低了与之关联的技术与财务风险（第 4 章中有针对 NASA 项目的完整分析和讨论）。

NASA 和 DoD 的技术转移提升了美国民用飞机制造领域的知识水平。就 NASA 研究与技术项目而言，其研究成果经过技术转移后可以作为私有企业内部研究与技术项目的补充。DoD 的情况则更为复杂，由于军用飞机和民用飞机的制造流程密切相关，有时甚至同时启动，因此美国的大型商用飞机产业往往会因此获益。DoD 启动这些军民两用研发项目的初衷，或许是为了提升美国国防工业的基础能力，但公共财政支持下的国防技术项目和制造业基础设施将不可避免地使那些同时参与军民产业的制造商获益。在后续章节中，我们会根据附录

A 中列出的方法，清晰地展示美国大型商用飞机产业从 NASA 和 DoD 项目中所获得补贴的质量与数额（关于这部分的分析主要集中在第 4 章和第 5 章）。

第 2 章
从历史和理论的维度解读大型商用飞机贸易问题

2.1 关于贸易理论的说明

新古典主义经济学认为国际贸易是基于开放和自由市场理论开展的。比较优势最大化是自由贸易的基本原理，其背后的逻辑十分简明，即一国应该比照贸易对手，根据效率选择所制造和出口的商品，同时那些在本国生产效率较低的商品则应该从生产效率高的国家进口。从自由主义的角度看，这种做法能够保证全球分工基于经济效率进行。考虑到资本、劳动力以及土地资源等因素，新古典主义经济学认为各国会“自然”拥有某些优势产业，而相应的每个国家应该利用这些优势制定本国的贸易结构和政策。

里卡多(Ricardo)、斯密(Smith)和约翰·穆勒(J. S. Mill)等自由主义经济学家创立和发展的比较优势理论把握住了经济效率这一抽象的原理。但是当我们在现实世界中运用这一理论时，会面临许多深刻的问题，因为每个主权国家都有着自己的经济发展规划。在如今的工业社会中，各国政府很清楚各个产业的战略层级，而一个产业的战略层级由诸如劳动附加值、对国家声望产生的影响、对国防安全的重要程度等因素决定。一些政府为在某些产业上过于依赖贸易伙伴的现象感到担忧，而这类产业通常对国家的科技基础和国防安全至关重要。因此在现实世界中，大多数国家都会采取行动以推动一些关键产业技术能力的发展，力争在这些领域赶上甚至超越别国。有些福利经济学家时常会抨击这种做法，因为他们认为这样做会降低经济效率，但是这些批评并没有产生什么实际效果，政府并未作出任何改变。而从重商主义政治经济学角度来看，制定产业政策以支持和加强某些特定产业的竞争力则是理所应当的。各国在国际贸易中更多时候是遵循一种维持竞争优势的规则，而非充分利用自身的比较优势开展贸易。通过运用一些政策工具，明智的政府和企业策略足以改变部分产业在国际贸易中的比较优势框架。此外，政府还需要对那些高竞争性产业的从业人员负责。因此，执政者必须设计一个经济框架以提升国家在特定产业上的整体竞争力，从而保证这些从业人员的就业和生计。此外，单纯根据比较优势来重新整合国内的经济结构在政治层面几乎是不可行的。

尽管还存在许多争议，但是越来越多的人已经意识到了国际贸易的本质是战略贸易而非自由贸易。在日本电子和汽车行业成功追赶上世界领先集团后，受到日本国际贸易和工业部政策的启发，经济学家开始认识到有效的产业政策和贸易政策能够带来竞争优势。巴拉姆(Balaam)和维赛斯(Veseth)明确指出，在一个充满竞争的环境中，比较优势并非恒定，政府和企业能够重塑比较优势的框架。因此，类似航空航天产业这样的高科技/高附加值产业会得到政府的重视。各国政府会设法提升本国在此类产业的竞争力，而非被动地接受所谓的“比较生产优势”。当“战略贸易”的概念越来越清晰时，世界上的工业强国也随之开始进行双边或多边的贸易谈判以确保“公平贸易”，“公平贸易”的概念也由此代替了自由贸易的原则。

1995年1月，经过一系列的谈判之后，世界贸易组织成立。世界贸易组织拥有针对其成员之间贸易问题的裁定权。从结构以及意识形态方面来看，美国对日本以及欧洲的施压是引起之前一系列贸易谈判的根本因素。而就与欧洲的贸易谈判而言，考虑到空客公司蚕食了美国制造商的市场份额，并使得除波音公司以外的所有美国飞机制造商退出商用飞机市场，航空产业无疑是美国在对欧谈判中重点考虑的领域之一。如同美欧在双方航空产业争端中所表现出来的那样，保证贸易公平是一件极其复杂的工作，就连自由贸易理论本身也是针对贸易问题的宣传手段之一。作为大部分贸易谈判的发起者以及国际贸易机制的制定者，美国自视为自由贸易秩序的维护者，但正如我们在前文中所提到的，美国对自身补贴战略性产业的行为视若无睹。因此我们认为，将战后的美国经济模式刻画为自由主义经济典范不过是一种夸大的修辞和宣传手法。美国的部分产业，例如电子产业，已经受到国际竞争的冲击，美国政府已经就此采取了保护主义措施，同时贸易保护主义在农业以及航空航天领域也体现得淋漓尽致。茱迪丝·戈德斯坦(Judith Goldstein)对能够影响政府决策的意识形态及政治因素进行了分析，并总结出三种贸易关系的模型。她认为公平贸易以及贸易再分配是传统自由贸易口号的附加形式。但是从现实主义的角度出发，针对那些与国家安全和国防相关产品的贸易，我们认为应该加入第四种贸易关系。第二次世界大战后美国的武器和航空航天产品的贸易绝不仅仅涉及商业方面。民用航空产品的出口与国防问题息息相关，有时甚至直接与军售挂钩。戈德斯坦认为能够带来大量就业，以及高竞争性的产业更易获得执政者的政治支持，而航空航天产业则同时具备这两个特性。后续篇幅将会论证克林顿时期美国采取的重商主义政策与欧洲过去20年(1978—1997年)民用航空产业的崛起，以及冷战后美国的高失业率直接相关。延斯·范舍尔彭贝格(Jens van Scherpenberg)认为当前美国重商主义抬头的原因是冷战结束后美国不再需要盟友来遏制苏联的扩张。在他看来，由于美国的资金支撑了西方社会冷战安全战略的实施，美国航空航天产品的出口贸易实际上是美国通过政治手段寻求冷战战略正外部性和回报的核心手段。他认为，将军事实力与经济利益挂钩是美国经济政策的核心元素。

我们之所以在此揭示美国政策的本质，是因为当前主流的学术理论以及政治评论都没有对美国的贸易立场进行过批判性分析。

2.2　记录大型商用飞机产业获得的补贴

1988—1997年，全球大型民机市场以及相关国家和企业在该市场内的战略引起了广泛的政治和商业关注。1978—1997年，在全球民机市场中，美国企业大型民机新增订单的份额从95%下降到了大约60%，而空客公司的份额则上升到40%。更令美国业界感到惊讶的是，1999年空客公司获得了当年55%的新订单。显而易见，空客公司市场占有率的提高使得美国在商用飞机市场中的主导地位受到了挑战。空客公司在20世纪90年代取得商业上的成功，以及波音市场份额的萎缩促使美国政府更加关注充满竞争的全球民机市场，同时开始评估波音海外竞争对手获得的政府补贴。讽刺的是，正如我们已经提到的那样，美国不会将联邦政府给予波音公司的支持视作“政府补贴”。

20世纪90年代初，一批针对美欧飞机产业的公开报告加剧了美欧的贸易争端，而这些报告的背后通常都有美欧政府的支持和干预，其中最知名的两份是《格尔曼报告》(Gellman Research Associates，1990)和《阿诺德与波特报告》(Arnold and Porter，1991)。当然除此之外，双方负责贸易争端的官员也在通过秘密手段监视着彼此的活动。这两份报告的结论都有着明确的战略目标，美国凭借《格尔曼报告》中的内容质疑空客公司项目的商业可行性。报告指出空客公司需要欧洲政府的巨额补贴才能够维持生存，因此这种补贴对全球其他企业是不公平的。索顿(Thornton)是这样评价《格尔曼报告》的：《格尔曼报告》显然是站

在美国的立场上，用一种阴暗的视角来看待空客公司及其获得的政府补贴(Thornton，1995：140－141)。

同样，1991年发布的《阿诺德与波特报告》则代表了欧盟的立场。这份报告尝试追溯美国航空产业从美国政府直接和间接获取的所有补贴(尤其是流经DoD的军事合同以及NASA对于航空产业的支持)，并且指出欧洲政府对其航空航天产业的财政补贴是针对美国前期大量干预相同产业的合理回应。索顿同样评价了《阿诺德与波特报告》：大多数关注航空航天产业的人都认为国防项目会以不同形式反哺民用项目。其中，最直接有效的方式就是国防合同带来的长期稳定的资金来源，而这些资金会支撑企业度过民用产品漫长且充满风险的开发周期。

《格尔曼报告》和《阿诺德与波特报告》拉开了20世纪90年代跨大西洋飞机贸易争端的序幕。在本章中我们将回顾并审视两份报告中的内容，展示美欧贸易争端的背景，同时为我们后续的分析打下基础。

2.2.1 《格尔曼报告》概况

1990年9月，位于宾夕法尼亚州的格尔曼研究协会(Gellman Research Associates)发布了一份《空客公司经济和财务情况报告》，并呈交给美国商务部国际贸易管理司。这份报告重点研究了空客公司民用飞机项目的经济性，同时针对空客公司的一系列商业行为对美国企业和全球民机市场的潜在影响进行了分析。格尔曼团队明确指出开展这项研究的主要原因之一就是为了收集和评估空客公司的运营情况及企业获取政府资金支持的情况。格尔曼团队认为这份研究很有价值，因为空客公司从未披露过其财务状况的细节，也没有披露过从各国政府获取的资金数额。此外，报告的另一个目的是理清空客公司、各参股企业以及各国政府之间复杂的关系网络。但与此同时，团队也指出报告中的数据可能存在一定程度的偏差。这种说法是可以理解的，因为

他们对过去、现在、未来空客公司销售额的计算完全基于其对价格、数量以及成本的估算，而非完全可靠的数据。

格尔曼团队通过研究形成了一些重要且带有攻击性的结论。他们认为空客公司采取了不正当的市场行为，因此欧盟必须作出恰当、有效的调整以解决当前存在的贸易摩擦。报告的内容主要由四个调查结论构成，这些结论支持美国对空客公司的市场表现和财政可行性的指控。

首先，报告质疑了空客公司项目的商业可行性。报告认为无论是对每个项目进行个别分析，还是将所有项目视作一个整体，空客公司都无法论证这些项目过去、现在及未来的商业可行性。如果将目前的欧洲商业借贷利率(8.7%)计入公司现金流时，那么空客公司所有项目的净现值为负。

由此格尔曼团队得出结论，即：没有任何私有企业会投资空客公司，空客公司只有在巨额政府补贴的支持下才能维持运营。

格尔曼团队计算了每个空客项目的现金流以支撑其观点。以空客A300B项目为例，报告指出即使项目启动时获得了大量来自政府的资金支持，项目现金流依然为负。报告认为长期的政府补贴以及股本注入填补了空客公司的财政缺口。此外，报告还估计，以1990年的美元价值计算，即使不计算任何借款利息，空客A310项目自1977年启动到2008年的现金流为负129亿美元，而1983年启动的空客A320/A321项目到2008年的现金流为负49亿美元。尽管报告估计1987年启动的空客A330/A340到2008年的名义正现金流为32亿美元，但是如果在计算时考虑商业借贷利息的因素，项目的净现值到2008年时依然为负。格尔曼团队通过对空客A320/A321项目以及空客A330/A340项目的研究得出结论，即随着全球商用飞机市场的不断扩张，空客公司近年来新项目的商业可行性有所提升，因此欧洲政府应当终止对于这些项目的额外补贴。

其次，报告重点研究了政府补贴。格尔曼团队试图追溯并且评估空客公司从欧洲政府获得的财政支持。根据格尔曼团队的测算，截至1990年，英国、法国以及西德政府向空客公司的合作企业提供了总计82亿美元的资金支持。三国政府还计划在未来向空客A330/A340项目注资23亿美元。此外，戴姆勒-奔驰(Daimler-Benz)与梅瑟施密特-伯尔科-布罗姆(MBB，德国空客的母公司)的并购计划还将为空客公司提供额外的32亿美元。综上，报告指出欧洲各国政府承担了空客公司大约75%的研发支出，如果考虑每年的商业利率，那么截至1990年的补贴总额将达到259亿美元。基于对空客公司财务情况的分析，格尔曼团队认为未来空客公司的盈利不足以偿还这些政府补贴。即使在20世纪80年代市场环境向好、飞机价格上涨的大背景下，格尔曼团队依然认定未来20年内空客公司的项目依然不具备商业可行性。

再次，格尔曼团队研究了空客公司对整个全球民机市场产生的影响。他们认为在全球民机市场中，只有少数私有企业可以生存。即使全球市场正在扩张，全球每年对于单一机型的需求也仅限于几百架，同时研发新机型的初始启动资金过高。民用飞机制造业的特点是，随着产量增加以及生产水平接近最小有效规模(minimum efficient scale，MES)的同时，平均单位生产成本会下降。所以要在民用飞机制造业中生存发展，制造商就需要售出足够数量的飞机以充分利用规模经济效应。鉴于学习曲线的弹性系数大约为0.2，即产出每翻一倍将降低20%的生产成本，因此规模经济效应对航空航天产业至关重要。

格尔曼团队认为，民用飞机制造业的进入成本很高，因此私有企业几乎不可能独自负担高昂的进入成本。而空客公司之所以能够进入这个行业就是因为公司从政府获取了大量资金支持，因此相较其他私有企业，空客公司也更易对冲来自市场的压力。报告中这样写道，只要空客公司能继续从政府获取资金，该公司就能在不考虑项目商业可行性的前提下针对其他企业开展更加有效的竞争。

报告指出欧洲政府对民用飞机制造业的支持与民用飞机产业发展而产生的大量外部效益息息相关，这些外部效益包括高技术产业的就业岗位以及对其他高技术产业的刺激作用。此外，空客公司还与欧洲一体化这一政治导向相关，事实上空客公司的成立正代表了整个欧洲寻求区域产业整合的决心。

最后，报告研究了空客公司对美国大型商用飞机产业的影响。格尔曼团队并不认为空客公司当前在全球大型民机市场中的优势地位源于生产效率或是先进技术的应用，他们将美国民用飞机制造商市场份额的萎缩归咎于欧洲政府给予空客公司的不正当支持。在明确指出空客公司的运营无法离开政府支持之后，格尔曼团队得出了结论，即：鉴于空客公司在取得政府补贴后能够以低于成本的价格出售其产品，美国在大型商用飞机市场中的份额将进一步下降。

格尔曼团队认为美国制造商利润缩水会限制他们的投资力度，并且有可能在未来妨碍新机型项目的启动和研发。由于其认定美国民用飞机制造商无法从政府获得任何形式的直接或间接补贴，格尔曼团队估计相关航空航天企业可能将不得不寻求获得来自国外的投资。而交易中可能涉及的技术转移条款，及其所带来的潜在风险有可能使美国在飞机技术上的领先地位遭受进一步的挑战。

总体来说，格尔曼报告清晰地表明美国认为空客公司近来的市场行为已经对美国长期以来在大型商用飞机产业中的领导地位构成了挑战，而导致美国制造商市场份额下降的主要原因则是空客公司从欧洲政府处获得的巨额补贴。

虽然报告内容言之凿凿，但是我们发现报告存在几处明显的问题：

(1) 报告中关于空客公司未来销售额和回报率的市场预测完全错误。空客 A320 是商用飞机史上销售、交付最快的一款机型。鉴于空客

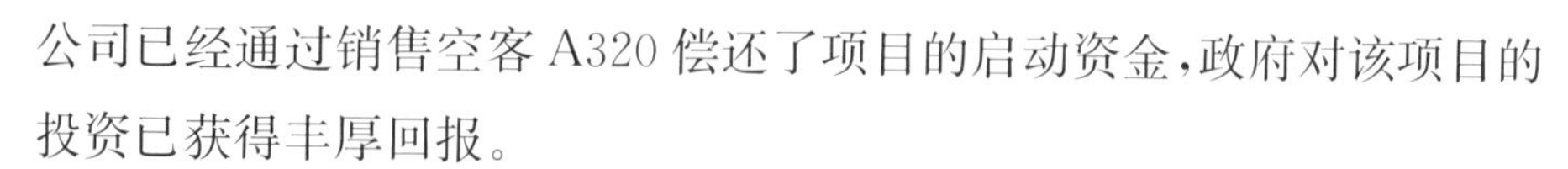

公司已经通过销售空客A320偿还了项目的启动资金，政府对该项目的投资已获得丰厚回报。

（2）格尔曼团队使用的现金流折现模型通过将“商业借贷利率”计入政府贷款，严重夸大了空客公司所接收的政府补贴。事实上，计算这类贷款利率需要评估投资风险、该国的最低利率，以及借款机构的情况。换言之，简单地套用历史上的商业贷款利率是不符合实际的。

（3）报告指出空客公司的存在不合理，因为格尔曼团队认为在自由市场的条件下，空客公司无法从市场中获得生产飞机所必需的早期投资。这种说法是完全错误的，因为它完全忽视了大型商用飞机产业的经济规律。美国商用飞机产业实际上也是通过军用飞机的研究项目起家的。简而言之，美国大型商用飞机制造商的项目启动资金来自DoD。纵观整个航空产业历史，航空产业是连接军事与经济的重要纽带，也因此以一种独特的方式使商业与政治结合在一起。航空产业是事关国家命运的战略产业，因此以自由放任政策为主导的航空产业格局是不可能存在的。

2.2.2 《阿诺德与波特报告》概况

在《格尔曼报告》对欧洲商用飞机产业的经济性和商业可行性进行了直接且不留情面的批判后，欧洲方面认为必须对此作出强有力的回应。位于华盛顿的阿诺德与波特（Arnold and Porter）咨询公司在1991年9月向欧盟发布了一份题为《美国政府对美国商用飞机产业的支持》的报告，以反驳《格尔曼报告》中的内容。通过论证美国政府过去以及当前向美国民机制造商提供的大量资金支持，该报告质疑了《格尔曼报告》中关于美国大型商用飞机产业由“私人”资金来源支持的这一基本观点。事实上，阿诺德与波特团队对前文中针对美国大型飞机产业提出的一些批评进行了更加直接的分析。

与《格尔曼报告》相似，《阿诺德与波特报告》直截了当地指出了美国大型商用飞机产业发展与美国政府补贴之间的联系，尽管相比于欧洲政府，美国政府补贴的形式并不是那么直接。报告研究指出，美国为确保在航空技术的全方位领先地位，向美国商用飞机产业长期、大量地提供了系统性的支持。与《格尔曼报告》相同，《阿诺德与波特报告》也指出由于美国政府和企业在相关信息的披露上缺乏透明度，报告中引用的数据可能存在误差。

尽管获取可靠数据存在困难，但是阿诺德与波特团队依然估算出美国政府1976—1991年间向商用飞机产业提供的支持总价值为180亿～225亿美元。如果以1991年的美元价值计算，那么美国商用飞机产业从NASA和DoD获得的经济利益的总价值为334.8亿～414.9亿美元。

报告明确了美国政府补贴美国商用飞机产业的三种主要渠道。第一种渠道是来自DoD国防技术研发项目预算的大量资金支持，这同时也反映出战后美国航空产业对于美国国防的重要战略意义。考虑到美国的民机制造商们都会直接或间接地参与军用飞机的研发生产，同时商用飞机与军用飞机技术又存在重叠，商用飞机的研发生产将不可避免地从军用飞机的研发项目中获得经济利益。

报告引用了波音707飞机、宽体客机以及超声速飞机这三个被阿诺德与波特团队称之为民用航空技术的"量子跃迁"的案例来论证美国政府直接参与了每一次商用飞机产业的技术突破。报告估算自1976年以来，DoD在航空技术研发上的投入超过了500亿美元，其中63.4亿美元流入了波音公司和麦道公司，以支持它们的研发项目。报告估算美国大型商用飞机产业从这些研发项目成果中获得的衍生经济利益在59亿～97亿美元之间。如果以1991年美元价值计算(在考虑机会成本和复利的情况下)，那么美国大型商用飞机产业的获利在124.2

亿～201.8亿美元。

报告指出DoD曾试图从美国大型商用飞机制造商手中收回部分其军事研发项目衍生的商业利益。但据统计，1976—1990年DoD仅仅向制造商收取了2亿美元，这与之前高达百亿美元的总投入相比不过是九牛一毛。同时阿诺德与波特团队还注意到，当前DoD已经不再要求美国企业向其上缴部分商业利益。

报告还指出，除了直接向美国制造商提供军用飞机技术研发合同，DoD还通过独立研发计划补贴企业内部开展的且有军用潜力的研发项目。实际上这种企业内部发起的、军民两用技术的独立研发项目对企业商业成功的影响力甚至要高过政府主导的军用技术研发项目。根据阿诺德与波特团队的测算，1982—1997年美国航空航天企业通过这种方式从DoD获得了超过50亿美元的补贴，而其中商用飞机企业获得的补贴是10亿～12.5亿美元。

美国政府补贴大型商用飞机产业的第二个主要渠道是NASA的研发预算资金。事实上，美国成立NASA的主要愿景之一就是推动本国航空技术不断向前发展，以延续美国在全球航空技术领域的领导地位。因此，NASA向军用和民用航空技术研发项目提供大量资金支持本身并不奇怪。据阿诺德与波特团队测算，1976—1991年NASA共向军用以及民用航空技术研发项目提供了89亿美元的资金支持，大部分都用于大型研究计划，而这些研究计划对民用飞机制造业的发展至关重要，其中就包括了飞机能源效率计划以及超临界机翼技术研发项目。此外，NASA还资助了一系列小型研发项目以鼓励某些特定领域航空技术的创新。

考虑到NASA在推动美国商用航空技术发展中起到的作用，以及其军用与民用技术项目的互通性，报告认为NASA在1976—1991年期间90%的研发支出，即总计80亿美元，可以被视作对美国商用飞机

产业的资金支持。如果以当前(1999年)美元价值计算,那么这些资金的总额超过170亿美元。

除了评估DoD以及NASA对大型商用飞机产业的补贴以外,报告还指出美国的税收制度也通过特定渠道支持了美国商用飞机产业的发展。"完成合同法"这一会计处理方法允许美国企业可以通过延迟大量收入入账的方式减少所需缴纳的税金。此外,利用本土国际销售公司(domestic international sales corporation, DISC)和外国销售公司(foreign sales corporation, FSC)也可以延迟缴纳税金。据估算,15年间通过延迟缴纳税金和税收豁免,波音公司获取了17亿美元的收益,麦道公司则获得了14亿美元的收益。

总体来说,《阿诺德与波特报告》指出美国民用飞机制造商并非美国社会宣扬的不接受政府补贴、"完全依靠私有资金运营"的企业,反而至少有三种获取政府补贴的主要渠道。1976—1991年,美国商用飞机产业通过上述三种渠道共获得了180亿~225亿美元的补贴。以当前(1999年)美元价值计算,补贴的总价值为334.8亿~414.9亿美元。此外,美国政府还允许商用飞机制造商低价使用国有试飞设施,同时通过不定期的特殊采购支持这些企业(例如1982年从麦道公司采购KC-10飞机)。

报告指出,虽然可用数据缺乏透明度,无法准确衡量美国政府对其民用飞机产业的支持力度,但是毫无疑问的是,美国政府的补贴在民用飞机制造业的发展过程中起到了至关重要的作用。这些补贴推动了民用飞机技术的发展,同时确保了美国商用飞机产业在日趋激烈的国际竞争中保持优势地位。

总的来说,《阿诺德与波特报告》纠正了部分偏见,这些偏见此前影响了美国社会对美欧大型商用飞机贸易争端的看法。简而言之,它击碎了美国社会中长期存在的一个幻觉,即:美国大型商用飞机产业是

完全脱离政府支持，并严格依照自由市场规则运营的产业。

2.3 1992年7月的美欧协定

虽然在20世纪90年代围绕飞机贸易的谈判中，美欧双方的外交措辞都比较严厉，且两份报告中的结论和数据又加剧了谈判的紧张氛围，但双方在1992年的谈判中仍做好了妥协的准备，不希望关于飞机贸易的争端最终沦为双输的结局。因此，美欧双方在1992年7月签订了《美欧大型民用飞机贸易协定》（又称《七月协定》）。欧洲方面同意将对民用飞机项目的直接政府补贴从项目成本的75%降至33%，同时空客公司需按特许权使用费规定全额偿还。美国方面则承认政府的间接补贴对其民用飞机制造业帮助很大，同意将间接补贴纳入监管。根据协定，美国每年对民用飞机产业的间接补贴不得超过美国商用飞机所有制造企业总营业额的3%，或不超过单一制造商总营业额的4%。

但是正如一些学者指出的那样，欧盟审查美国的合规情况时会遇到不少困难。这是因为美国补贴大型商用飞机产业的渠道众多，数据来源驳杂，想要获取可靠的、单一来源的补贴总额数据几乎不太可能。此外，企业会通过申请专利完成技术转移的流程，而且DoD的部分研发项目保密层级很高，欧盟无法追踪部分技术的具体来源。同时，美国政府官员试图将直接补贴定义为与特定大型商用飞机研发项目直接挂钩的资金来往，而这种行为对1992年协定中关于补贴定义的条款也产生了影响，具体内容如下：

> 间接补贴：由政府或公共机构提供，用于航空产业，通过研发项目、示范项目和军用飞机的研发，为生产一种或多种大型商用飞

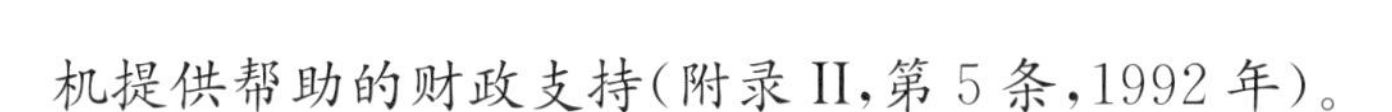

机提供帮助的财政支持(附录II,第5条,1992年)。

直接补贴:由政府或任何公共机构向以下对象提供的任何形式财政支持:(1)特定大型民机项目或衍生产品。(2)从大型民机项目或其衍生产品直接受益的企业(附录II,第6条,1992年)。

《七月协定》的主要意义在于将一个潜在的“爆炸性问题”从政治争论的中心地带转移出来,以防止本已动荡的跨大西洋贸易关系变得更加难以控制(Thornton, 1995: 146)。虽然签订该协定的确暂时转移了双方的注意力,但是贸易争端依然在双方政治层面以及民用飞机制造商之间发酵。空客公司市场份额的持续上升以及美国航空航天产业的重组给双方经贸关系带来了新的不确定因素,也使1992年达成的这份协定承受了巨大的压力。在克林顿总统的任期内,也正是美国方面不断指责欧洲违反协定,试图重新挑起贸易争端。2000年12月随着空客公司启动空客A380超大型客机项目,美国在400座级大型商用飞机市场中的垄断地位即将被终结,飞机贸易问题也因此重新引起了人们的关注。

2.4 关税贸易总协定乌拉圭回合和大型商用飞机补贴与反补贴协议

经过乌拉圭回合谈判,大型商用飞机产业的补贴规则在一些方面进行了修改。世界贸易组织在1995年1月取代了关税贸易总协定成为监管国际贸易的国际组织,而乌拉圭回合中通过的这些规定则构成了世界贸易组织的补贴规则框架。

世界贸易组织取消了关税贸易总协定框架下的一致同意原则。因

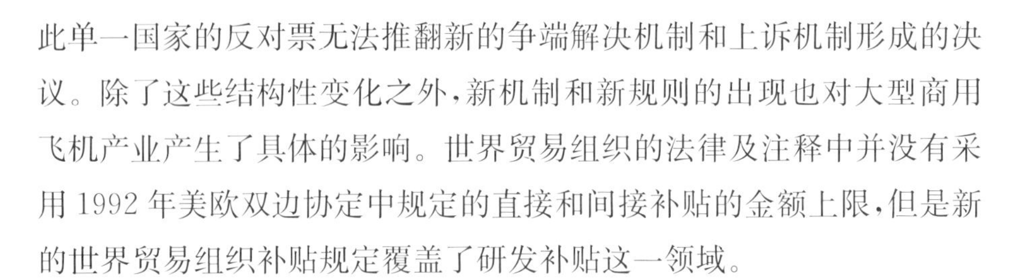

此单一国家的反对票无法推翻新的争端解决机制和上诉机制形成的决议。除了这些结构性变化之外，新机制和新规则的出现也对大型商用飞机产业产生了具体的影响。世界贸易组织的法律及注释中并没有采用 1992 年美欧双边协定中规定的直接和间接补贴的金额上限，但是新的世界贸易组织补贴规定覆盖了研发补贴这一领域。

世界贸易组织《补贴与反补贴措施协议》沿用了关税贸易总协定中关于政府补贴不得损害或威胁贸易伙伴利益的这一规定。此外，《补贴与反补贴措施协议》中有 3 条专门针对民用飞机领域的条款，并新增了大量有关在世界贸易组织机制下提起补贴诉讼的程序规则。在 1994 年签署的《关于争端解决规则与程序的谅解》（乌拉圭回合中形成的主要的国际贸易监管手段之一）对这些程序规则进行了规定。

在《补贴与反补贴措施协议》机制下，以下情况应被视作补贴行为：政府行为涉及直接资金转移（如赠予、贷款、投股），潜在的资金或债务直接转移（如贷款担保）；政府向基金机构支付款项；1994 关贸总协定第 16 条中提到的任何形式的收入支持或价格支持（《补贴与反补贴措施协议》1.1）。

在《补贴与反补贴措施协议》机制下，补贴只有在专向性授予当局司法管辖范围内的某个企业、产业、企业集团或多个产业时，有关方面才可以被提起诉讼（《补贴与反补贴措施协议》第 1.2 条和第 2 条）。同时，《补贴与反补贴措施协议》将专向性补贴分为三类，分别是：红灯补贴（禁止）、黄灯补贴（造成不利影响时可采取反补贴措施）、绿灯补贴（造成重大不利影响且损失难以弥补时可采取反补贴措施）（《补贴与反补贴措施协议》第二、三、四部分）。

1）适用的规则

《补贴与反补贴措施协议》中关于补贴的定义主要由以下三个要点

组成：

(1) 政府的财政支持。

(2) 带来商业收益的支持政策。

(3) 专向性利益(比如只属于特定企业的利益)。

因此第二条中所说的专向性补贴不包括地区性补贴，地区性补贴符合第 8 条 2(b)中的标准，属于不可起诉的补贴。补贴只有在专属于某个地区的某些实体时才可以被起诉。

2) 红灯补贴(被禁止的补贴)

《补贴与反补贴措施协议》只禁止一种类型的补贴，即出口补贴。出口补贴是指在法律上或事实上根据出口业绩而提供的补贴(《补贴与反补贴措施协议》第 4 条)。

3) 黄灯补贴(造成负面影响时可采取反补贴措施)

《补贴与反补贴措施协议》的第 5 条中规定世界贸易组织各成员不得通过补贴对其他成员造成负面影响，负面影响包括：

(1) 对另一成员方的国内产业造成损害。

(2) 使其他成员根据《1994 年关税与贸易总协定》(GATT 1994)直接或间接产生的利益归于无效或受到损害，特别是根据(GATT 1994)第 2 条下的约束性关税减让而产生的利益。

(3) 对其他成员方的利益造成严重妨碍。

《补贴与反补贴措施协议》第 6 条规定：严重妨碍指对某项产品总额超过 5%的从价补贴、政府债务豁免和弥补某项产业所遭受的经营亏损的补贴。这些规定出于两个原因无法被应用于飞机产业，下文会对此加以解释[《补贴与反补贴措施协议》第 3 条、第 6 条(1)(a)和(1)(d)]。

在乌拉圭回合的最终阶段，关于严重妨碍的定义给大型商用飞机产业造成了极大的困扰。但是，各谈判方成功将飞机产业从上述规定

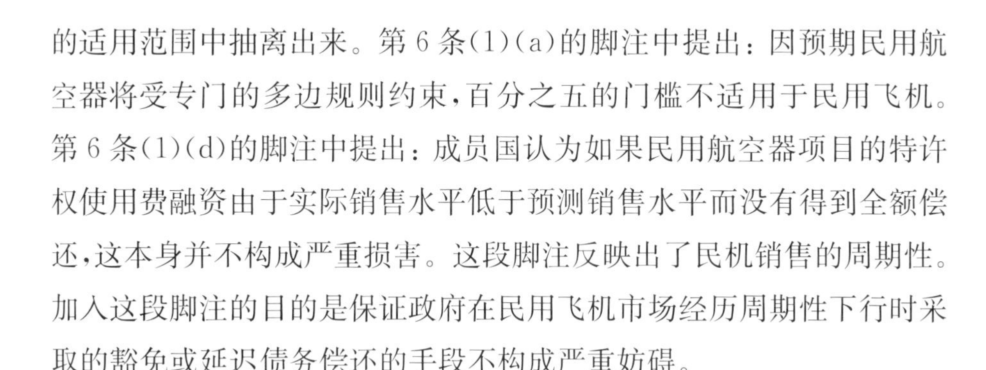

的适用范围中抽离出来。第 6 条(1)(a)的脚注中提出：因预期民用航空器将受专门的多边规则约束，百分之五的门槛不适用于民用飞机。第 6 条(1)(d)的脚注中提出：成员国认为如果民用航空器项目的特许权使用费融资由于实际销售水平低于预测销售水平而没有得到全额偿还，这本身并不构成严重损害。这段脚注反映出了民机销售的周期性。加入这段脚注的目的是保证政府在民用飞机市场经历周期性下行时采取的豁免或延迟债务偿还的手段不构成严重妨碍。

若以下一项或几项适用，则第 5 条(3)所指的严重妨碍即可能出现：

(1) 补贴的影响是排斥或阻碍另一成员方某项同类产品进入实施补贴的成员方市场。

(2) 补贴的影响是排斥或阻碍另一成员方的同类产品向第三国市场出口。

(3) 补贴的影响是在同一市场上使受补贴产品的价格与另一成员方的同类产品的价格相比明显下降，或对同一市场上的同类产品造成了严重的价格抑制、跌价或亏损销售等后果。

(4) 补贴的影响是使实施补贴的成员方特定的受补贴主要产品或商品在全球市场上的份额与前 3 年其拥有的平均市场份额相比增加，并且这一增加自实施补贴后呈持续上升之势。

第 6 条(4)(5)通过将补贴产品与无补贴产品进行对比对第 6 条(3)中的(c)和(d)项进行了澄清。在实践中，针对任何有关补贴的诉讼，世界贸易组织都会调查上诉方同类产品的补贴情况。这一惯例与民用飞机产业直接相关，因为如果一家大型商用飞机制造商提起补贴诉讼而自身又获取了政府补贴，那么这种诉讼大概率不会得到支持。

4) 绿灯补贴

《补贴与反补贴措施协议》第 8 条规定：不可诉讼补贴包括对企业

或高等院校、科研机构在企业合同基础上进行的资助，条件是不超过工业研究费用的 75%，或竞争前研发活动费用的 50%，且资助严格限于某些特定项目。

但是第 8 条(2)(a)中的脚注提出：因预期民用航空器将受专门的多边规则约束，本项的规定不适用于该产品。换言之，民用航空器的研发项目补贴是可被诉讼的。这条注释对于本书中对美国大型商用飞机产业的分析至关重要。NASA 以及 DoD 研发补贴不仅可被诉讼，而且我们也并不需要关注这些资金在研究项目总支出中的占比。

事实上，美国政府也关注着世界贸易组织其他成员国和欧盟利用研发补贴框架对产业进行补贴的可能性。在 1999 年，霍尼韦尔公司就针对欧盟补贴 Sextant 公司的行为向欧洲法院提出了诉讼。但或许是基于欧洲会针对美国供应商作出类似反制行为的考虑，美国方面最终放弃了诉讼。事实上，由于美国方面早先坚持认为只有直接与大型商用飞机制造商有关的研发项目才涉及政府补贴，因此这次诉讼与美方一贯的逻辑是相悖的。同时，美国方面并不认为类似制造技术计划的研发项目构成补贴行为，但是事实显然并非如此。

2.5 《补贴与反补贴措施协议》中的诉讼流程

《补贴与反补贴措施协议》在第一部分中明确了补贴诉讼的受理将采用双轨机制。在第一条轨道的框架下，想要提出补贴诉讼的成员国将首先触发磋商机制。如果磋商不成功，那么提出诉讼的一方可以向世界贸易组织提交申请，世界贸易组织会成立调查组对双方的贸易行为进行调查。如双方对调查结果无异议，那么报告的结论通常就是后续世界贸易组织争端解决机制作出裁决的基础。如果一方提出上诉，则由上诉机构裁决。以上任一机构作出的裁决，双方必须在规定时间内执行决议。如果拒绝执行，则可能会激活反补贴措施或仲裁机制。虽然《关于争端解决规则与程序的谅解》中列出了适用于第一条轨道框架下的补贴类型，但是不同类型的补贴的执行期限不同。其中针对部分可诉讼补贴（黄灯补贴）的执行期限相对较短，而针对禁止性补贴（红灯补贴）的执行期限则更短。在第二条轨道机制下（《补贴与反补贴措施协议》第五部分），成员国有权依照《1994 年关税与贸易总协定》(GATT 1994)第 6 条和《补贴与反补贴措施协议》中的相关条款采取反补贴措施。第二条轨道中也设有磋商机制。但本质上，第二条轨道旨在解决国内的补贴纠纷。尽管如此，在国内程序中违反世贸组织规定也可能上升到世界贸易组织层面，并通过争端解决机制作出裁决。综上，《补贴与反补贴措施协议》中的第二、三、四部分根据补贴诉讼的不同情况设计了略有不同的诉讼流程。

2.6 本章小结

本章介绍了一些历史上有关大型商用飞机产业的研究报告，这将为后文中的分析提供一个背景框架。此外本章还总结了民用航空器贸易监管框架的变化，补贴规则随着时间愈发趋于精细严密。站在欧洲的立场上，《补贴与反补贴措施协议》中的规定和程序意义重大，因为我们相信在这一新框架下，美国政府通过 NASA 和 DoD 向大型商用飞机产业提供的间接补贴会受到监管和制约。

第 3 章 美国航空航天产业政策

3.1 美国航空航天产业政策概述

本章将对美国航空航天产业进行整体介绍，大型商用飞机产业是整个航空航天产业里的一个分支。本章旨在说明，美国航空航天产业政策明显是为其当前唯一的大型商用飞机制造商——波音公司的发展需求服务的。此外，本章还将把大型商用飞机产业置于更广泛的产业背景下进行讨论。

我们将在本章后续的分析中论述美国航空航天产业对于其国民经济的贡献：

(1) 超过 80 万个高薪/高附加值的工作岗位。

(2) 美国制造业对外贸易中的最大顺差来源。

(3) 经常能转化到其他产业的领先技术。

(4) 能够支持全美众多中小企业生存的供应商合同。

(5) 国防技术的基础。

(6) 国际地位与声望的体现。

以上内容援引自美国前劳工部长罗伯特·莱西(Robert Reich)，他对美国航空航天产业的总结引出了本章的后续内容。在美欧双方对美国飞机制造商获得联邦补贴这一问题的持续争论中，双方僵持的关键原因之一是美方始终坚称自己遵守了自由市场原则，并未补贴国内的飞机制造商。实际上,美国只是在利用其所谓的经济意识形态,来掩盖美国航空航天产业受到联邦政府扶持的实质,而且这些扶持政策早已存续多年。

20世纪70年代,美国著名产业经济学家约翰·肯尼思·加尔布雷思(John Kenneth Galbraith)通过观察提出了以下看法:

> 只有那些习惯用简单思维考虑问题的人才会认为像洛克希德公司或者通用动力公司这样大部分业务与政府相关、经常使用国有工厂、营运资金由政府提供、成本超支由政府社会化的企业,只是纯粹的私有企业(Galbraith, 1973: 3-4)。

以莱西和加尔布雷思提出的观点为基础,本章将展示美国航空航天产业政策的本质,以及其与大型商用飞机产业的关联性。

美国政府近年来明目张胆地出台航空航天产业配套政策,其目的是应对来自欧洲大型商用飞机制造商的挑战,以及缓解20世纪80年代末和90年代初的失业潮给美国社会带来的不利影响。尤为值得注意的是,在克林顿政府任期内,美国大型商用飞机制造商通过其发布的航空产业计划与其他政策工具获得了越来越多的支持,这些政策正是由NASA和DoD负责具体实施的。

3.1.1 美国航空航天产业概述

> 美国航空航天产业基础对国家的稳定发展至关重要。该产业不仅对国防安全至关重要,对于维持技术领先与就业也至关重要(Douglas, 1998: 1)。

如道格拉斯所言,航空航天产业在美国的战略重要性始终处于最高序列。该产业在1998年的销售额超过1 400亿美元(Aerospace Industries Association, 1998),对于巩固和加强美国在全球体系中的经济、政治和军事优势起着至关重要的作用,同时也反映了美国在高技术产业和国际贸易中的主导地位。由于其特殊的意义和价值,因此美国飞机制造业"在其发展史上的大部分时间里……都受益于与时俱进且有效的产业政策"(Tyson, 1992: 157)。

自1993年以来,美国航空航天产业采取了迅速且着眼长远的整合与合理化战略,以克服全球经济衰退和冷战后国防预算削减带来的双重挑战。1990—1995年间,美国商用飞机的销售额约下降了37%,军用飞机的销售额约下降了20%。正如前总统顾问劳拉·泰森(Laura Tyson)所言,20世纪90年代,美国航空航天产业面临着双重挑战:一方面国防预算的下降导致了军机业务的萎缩,另一方面空客公司的快速崛起又威胁了美国在该产业的统治地位(Tyson, 1992: 155)。

3.1.2 产业结构调整

美国政府主导了广泛且深入的研究和开发项目,在此支持下,美国军民航空航天产业在1992—1997年以惊人的速度整合。1992—1997年,美国32家涉及航空航天产业的国防企业经过整合后仅剩下9家,而这一过程使美国减少了约100万个就业岗位。得益于这一前所未有的航空航天产业整合浪潮,美国航空航天企业的销售额在全球航空市场上占据了主导地位。表3.1列举了1999年全球销售额最高的10家航空航天企业,美国企业占据了其中八席,波音公司和洛克希德·马丁公司(以下简称"洛·马公司")位列前二。

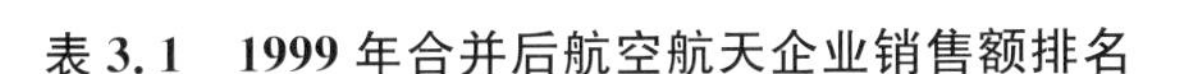

表 3.1　1999 年合并后航空航天企业销售额排名

（单位：十亿美元）

排　名	国家(地区)	企　业　名　称	销售额
1	美国	波音公司	55.4
2	美国	洛·马公司	26
3	欧盟	欧洲宇航防务集团(包括西班牙CASA 军用飞机公司)	21.8
4	英国	BAE 系统公司	20.5
5	美国	雷神公司	17.5
6	美国	联合技术公司	12
7	美国	通用电气公司	10.3
8	美国	霍尼韦尔公司	9.8
9	美国	诺斯罗普·格鲁曼公司	9.1
10	美国	天合汽车集团	5.9

资料来源：《国际航空》,1999 年 9 月 8 日至 14 日;《国际航空》,1999 年 10 月 20 日至 26 日。

1996 年,商用飞机领域巨头波音公司宣布与麦道公司合并。这次合并不仅增强了军用航空航天业务在波音公司内部的重要性,同时发挥军民协同效应和实施技术转移的机会也大大增加。在此之前,波音公司已经以 32 亿美元收购了罗克韦尔国际公司的国防与航天业务。在与麦道公司合并后,军用航空航天业务收入占比上升。1997 年波音公司收入为 450 亿美元,军用航空航天业务占比达到 40%。同时,波音公司还获得了麦道公司 130 亿美元的民用和军用业务,其中包括价值 70 亿美元的军事合同。合并后,彼时波音公司在 1999 年度的销售额预

计将达到550亿美元，就此成为全球航空航天产业无可争议的巨无霸企业。与此同时，由于军机业务的大幅增长，波音公司能够通过军民协同效应（见第1章）在交叉进行的国防/民用项目中收获比以往任何时候都更多的利益。综上，1997年的合并给波音公司带来了以下财富：

（1）全球84%的在役大型商用飞机（若将货机和军用飞机计算在内，则比例为88%）。

（2）当前大型商用飞机销售额的60%。

（3）大型商用飞机待交付订单中的70%。

（4）在100座级和大于350座级民机市场上的垄断地位。

波音与麦道合并是民用飞机制造业横向合并的经典案例。正如我们所看到的，波音公司与麦道公司的结合诞生了一个航空航天产业的全球性巨头。麦道公司生产制造了F-15和F/A-18战斗机、C-17运输机和阿帕奇武装直升机，还与英国宇航公司合作生产了鹞式喷气机和鹰式训练机。波音公司的主要业务虽然是民用飞机，但其F-22战斗机、E-3预警机、支奴干直升机、科曼奇直升机以及鱼鹰倾转旋翼飞机占有相当大的市场份额。此外，波音公司还将与洛·马公司合作研制一款新型联合战斗机的原型机。对于中标的制造商而言，联合战斗机的研发和制造将是一个潜在价值为1 000亿美元的项目（《金融时报》，1998年9月3日）。

因此，像波音公司这样既拥有庞大国内市场，又针对商业航空公司和军方客户设计系列化产品的企业，有机会同时实现规模经济和范围经济效益，并显著地降低平均生产成本。总体来看，相较其竞争对手，波音公司应当能够在全球民用飞机市场取得关键性的竞争优势。

3.2 美国大型商用飞机产业研究与开发项目领域的整合

如第1章所述,巨额的研发资金是维持美国在全球航空航天领域竞争优势的基础。在政府财政支持和补贴方面,1997年与麦道公司的合并使波音公司能够接手在合并前DoD和NASA给予麦道公司的研发经费。正如《国际航空》(*Interavia*)的奥利弗·萨顿(Oliver Sutton)所述,波音与麦道的合并将使其获得由DoD和NASA资助的军民两用技术研发项目成果的渠道更加畅通(《国际航空》,1998年5月:18)。尤其是波音公司现在可通过接手麦道公司所负责的研发合同,从军用/民用航空领域的融合效应中获益。如表3.2所示,由于合并后的公司接手了麦道价值数十亿美元的研发合同,因此波音公司所拥有的政府研发合同的总价值达到了一个惊人的数字。

表3.2 1992—1996年波音及麦道公司所获联邦研发经费(不包含采购合同)

(单位:千美元)

年份	1992	1993	1994	1995	1996
波音	512 645	968 450	1 579 109	1 970 642	1 536 985
麦道	2 102 518	2 035 136	2 006 177	2 153 732	1 998 266
总计	2 615 163	3 003 586	3 585 286	4 124 374	3 535 251

资料来源:1992—1996年间的政府官员提供。

在美国,虽然上述研发支出并不被视为对商用航空航天的财政支持或补贴,但此观点着实难以令人信服。毫无疑问,主导美国航空航天产业的大型企业,尤其是其中主导大型民用飞机产业的企业,对美国当

前和未来的经济福祉至关重要。因此，表 3.2 中所示的研发经费是美国政府为确保该行业继续为美国经济输出正外部性所做的一项投资。在我们撰写本书时，美国航空航天工业协会（Aerospace Industries Association，AIA）正在努力游说总统调研美国航空航天产业以及获得更多研发资金补贴。

3.2.1 高技能/高附加值就业

美国大型商用飞机产业对于维持国民经济的高质量健康发展极为重要。长期以来，飞机制造业通过提供高薪、高技能岗位，为美国经济增长作出了突出贡献。除了汽车工业，没有其他任何工业门类可与飞机制造业创造的就业机会相比。1997 年，飞机制造业的从业人数超 850 000 人，其中将近 300 000 人为生产工人。这意味着自 1995 年以来，美国航空航天产业创造了 40 000 个生产工作岗位，但此数量仍远低于 20 世纪 80 年代后期产业的巅峰时期。当时美国航空航天产业总就业人数为 1 314 000 人，生产岗位有 432 000 个。据估算，美国企业每交付价值 10 亿美元的飞机，就会在该行业维持或新增 35 000 个就业机会（Cantor，1992）。

此外，航空航天产业也是一个知识密集型行业，汇聚着顶尖科学家、工程师和大量高技能从业人员。正是由于发展飞机制造业能产生“超额利润”，向其投入同样的生产要素可获得比其他产业更高的回报，航空航天的高技能基础和知识密集性的特质使飞机制造业具备了“战略性”（Tyson，1992：155）。

3.2.2 贸易顺差

该行业还对美国维持贸易平衡作出了至关重要的贡献，考虑到长期巨额贸易逆差给美国社会带来的困扰，其意义显得更为重要。事实上，自20世纪50年代末以来，航空航天产品一直是美国工业品出口收入的主要贡献者，出口额高于其他所有工业门类。同时，凭借其在全球航空航天市场的主导地位，相比其他任何工业门类，开展航空航天国际贸易能够给美国带来更大的贸易顺差。美国飞机制造业在1995年创下了超过210亿美元的贸易顺差（Napier，1996）。而在1998年，美国航空航天产业出口创下的贸易顺差达到了历史新高。出口额在一年内增加了140亿美元，达到640亿美元；而航空顺差也扩大到创纪录的410亿美元，相比1997年增加了87亿美元。

1998年美国航空航天产品出口中，最主要的增长点是民用飞机产业，其出口额增加了80亿美元，达到290亿美元（AAIA，1999）。如图3.1所示，航空航天产业贸易产生的顺差是美国经济在1989—1998年的持续性现象，在1997—1998年增长势头尤为强劲。

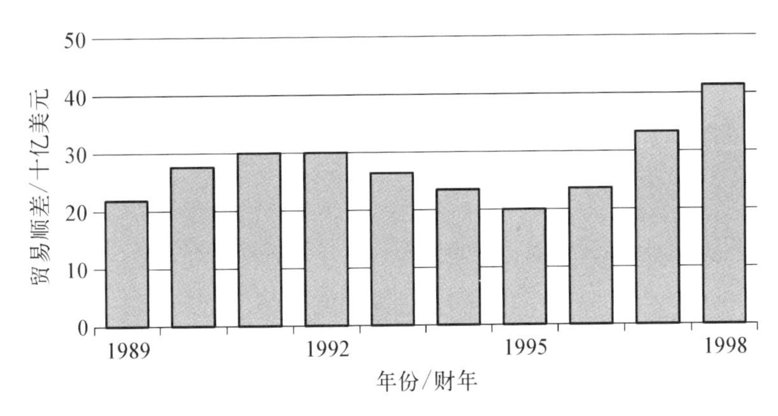

图3.1 美国航空航天贸易顺差

（资料来源：美国商务部航空航天办公室）

3.2.3 保持技术优势

美国飞机制造商在飞机技术上的领先地位很大程度上归功于其与美国政府的独特关系，尤其是NASA和DoD给予他们的研发补贴。由

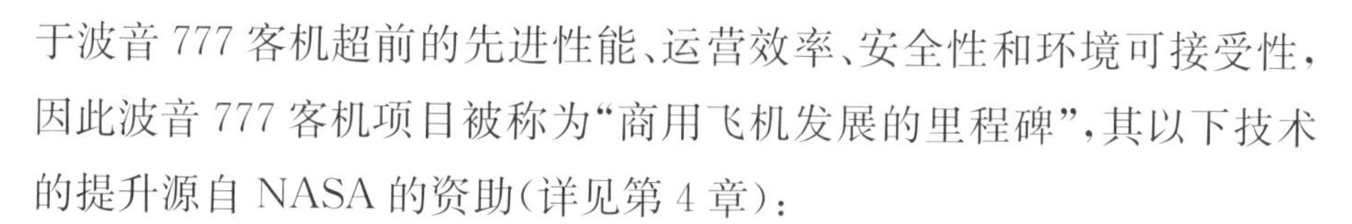

于波音777客机超前的先进性能、运营效率、安全性和环境可接受性，因此波音777客机项目被称为“商用飞机发展的里程碑”，其以下技术的提升源自NASA的资助（详见第4章）：

（1）跨声速超临界机翼。

（2）先进金属合金。

（3）复合材料。

（4）数字飞行控制。

（5）玻璃驾驶舱仪表显示器。

（6）飞行管理系统。

（7）层流控制概念。

（8）疲劳和断裂方法论。

除了维持和继续扩大美国在全球市场上的竞争优势外，美国航空航天产业还通过航空航天技术进步产生的协同效应将前沿技术推广到其他关键高科技行业。航空航天技术的创新，特别是大型民用飞机技术的创新，对一些科技进步所需的核心技术产生了积极影响。而这些核心技术的提升会加速许多新产品的开发过程，同时影响美国其他行业的生产流程（van Tulder and Junne，1988）。值得注意的是，国会研究服务处的一项研究发现，在美国政府已经明确的429个产业门类中，有340个与航空航天产业相关，其中150个向飞机制造业直接提供产品或服务（Cantor，1992：43）。

不断推动前沿技术进步有助于夯实和增强美国已经十分强大的知识基础。此外，可以满足民用飞机制造业快速且高效地运用创新技术的需求，因为率先将具有领先技术的机型投入使用的飞机制造商能在全球市场中获得巨大的长期竞争优势。由于高科技行业间的高度关联性，航空航天产业以此方式加速知识在美国各行业中的扩散，降低生产成本，最重要的是显著增强美国在全球众多领域内的竞争优势（Tyson，

1988：112）。

3.2.4 国家安全

认为美国存在航空航天产业扶持政策的观点无疑是有争议的。然而，事实极为简单，航空航天产业的兴起离不开历史的大背景，而这一时代背景就是航空航天技术构成了1945年后美国全球防御体系的基础。第二次世界大战后，美国政府为航空航天技术和产业的发展制定了隐蔽的产业政策，该政策由五角大楼提供资金，目的是实施美国的国防战略。政策的受益者是国防及相关设备的大型制造商，其结果则是维持了类似航空航天这样高科技大型企业的经营。正如美国航空历史学家大卫·索顿（David Thornton）指出的，诚然，大量的资本注入和政府采购政策对经济和企业的影响太大了，以至于我们无法否认美国政府的航空航天产业政策真实存在（Thornton，1995：25）。

时至今日，大型商用飞机的生产制造和国家安全之间依然存在着紧密联系。鉴于商业和军事行动之间的溢出效应、飞机制造业所具有的规模经济和范围经济的潜力，以及前沿技术从军到民或从民到军的技术转移，大型商用飞机产业对美国常规军事力量的发展具有战略意义。在美国，目前唯一的大型商用飞机制造商波音公司拥有大量国防业务，因此其国防和商用飞机业务之间能够共享专业知识库、分包商以及零部件供应商等资源。从国家安全的角度来看，商用和军用航空航天的共享知识和生产基础使航空航天产业具有战略意义，因为它构成了美国军事全球影响力的重要组成部分，同时商用航空航天产品的设计和生产团队也为军事领域带来了技术创新，反之亦然。共享知识、人员与生产设施使美国能够以较低的成本维持全球领先的军事工业基础，并为战时大幅扩产创造了巨大的回旋余地（Lopez and Yeager，1987：42）。如果没有上述这种共生关系，那么要在航空航天领域单独

维持一个大型独立的军工复合体，其成本将极其高昂。

军方重视飞机性能和灵活性，而商业领域对成本和可靠性有很高的要求，两者间的合力对于飞机技术创新愈发重要。因此，具有全球竞争力的民用飞机产业有助于提升国家军事能力。民用和军用航空航天产业都存在商业周期，但由于两个行业的上行和下行周期极少重合，两个行业的人力和生产力可以根据行业扩张和收缩的变化，在两个行业内进行流转以维持各自的平稳运行。因此，鉴于生产力几乎随时都能满足需求，美国得以在不确定的情况下兑现其内外部军事承诺。国会技术评估办公室（Congressional Office of Technology Assessment，COTA）的一项研究指出，许多企业认为国防业务带来的逆周期效应对于他们保持劳动力水平和保持设计团队合作至关重要（COTA，1991：55）。因此关于产业政策是否存在的问题，答案就很明显了，军民生产融合使美国政府可以隐蔽地实施其产业政策。正如《NASA/DoD 航空航天知识扩散研究》中所提到的：

> 克林顿政府在现有 40 架之外再额外购买 80 架麦道公司 C-17 运输机的决定，反映出政府采购与企业民用飞机项目研发之间的联系。通过这次采购注入的 170 亿美元使得麦道公司的财政状况大幅好转，同时企业还因此额外雇佣 2 000 名工人（1997：55）。

3.2.5 美国联邦政府近期的航空产业政策

自 1992 年《美欧大型民用飞机贸易协定》签署以来，大量事实清楚地表明，美国政府通过直接和间接的方式加强了对美国民用飞机产业及其关键制造商的支持。

美国的战略由两个互相关联的部分组成：

(1) 克林顿政府为支持美国民用高科技产业作出的大量努力。

(2) DoD 采购流程的改革以及对军民两用技术的重视。

3.3 研发投资的商业回报

尽管 20 世纪 90 年代中期 NASA 的总体预算有所减少,但其日常工作重点已转向支持那些为航空航天客户定制的研究和技术项目。这一转变的内容包括更加重视应用类的研究项目、承诺在项目早期阶段与美国大型商用飞机产业的代表及其供应商分享研究成果。当前的研究项目似乎更侧重于明显与商业应用存在关联的技术,尤其是那些美国私有企业不愿或在经济上无法负担的研究项目(NASA FY 1996 Appropriations Hearing, 104th Congress, 1st Session, 1995)。事实上,NASA 所开展的以商业应用为导向的研究计划规模之大,例如高速研究计划和先进亚声速技术计划,以至于国会预算办公室在 1995 年就曾担忧地表示,由 NASA 支持的研发计划产出的研究成果几乎完全流入飞机制造商、其供应商和航空公司[United States Congressional Budget Office, Reducing the Deficit: Spending and Revenue Options, 1995(2): 152]。这类研究计划向先进亚声速运输计划中的"行业活跃"合作伙伴(例如波音公司和麦道公司)提供了相当大的支持。而这些企业一直以来长期接受大量先进亚声速计划中的研究与技术项目资金,其中就包括价值 6 200 万美元的新飞机机翼的研究合同(*Aviation Week and Space Technology*, 1994 年 8 月 17 日: 277)。

有两个趋势值得注意:

(1) 美国政府鼓励联邦研发实验室和私有企业之间加强协作,这将使双方都可从持续注入的资金以及对双方更有利的技术转移法规中

获益。1995年8月，美国总统科学技术委员会发布了一份名为《国家航空研究和技术伙伴关系发展目标》的报告，而随着这份报告的发布，美国也明确了其重夺全球民机市场主导地位的实施路径。

（2）自1995年以来，克林顿总统及美国负责贸易和商务的官员采取了多项举措，同时允许美国进出口银行提供大额信贷以支持美国商用飞机的海外销售。

1993年10月28日，克林顿总统阐明了技术政策在新政府中的重要地位，同时列举了一系列支持美国航空航天制造商的政策工具，以确保其在全球市场上的竞争力。这些政策工具包括如下方面：

（1）研发领域投资的税收优惠。

（2）政府资源投入基础研究和民用技术发展。

（3）推进国防成果转化。

（4）通过美国国家科学基金会（National Science Foundation, NSF）等机构加大美国政府在基础研究上的投资。

（5）通过联合体加强与整个航空航天产业的合作。

3.4 美国航空航天军民两用产业政策

20世纪90年代，美国大幅削减了国防采购预算。为了提升性价比，五角大楼尝试将更多的商用货架产品（commercial off-the-shelf, COTS）组件整合到其国防系统中。自1992年以来，DoD公开鼓励制定军民两用的技术研发政策，并强调其在提升经济方面所起的关键作用（National Security Council Office of Science and Technology Policy, 1995）。在此过程中，DoD开始减少制造商必须满足的精确和限制性军事规范的数量。此外，美国社会也开始着重识别那些能够同时

维持国家军事和经济实力的关键技术。这些关键技术包括如下方面：

（1）材料合成与加工技术。

（2）电子和光子材料技术。

（3）陶瓷和复合材料技术。

（4）计算机集成柔性制造技术。

（5）系统管理技术。

（6）微纳米加工技术。

（7）软件、微电子和光电技术。

（8）高性能计算机和网络技术。

（9）高清成像和显示技术。

（10）传感器和信号处理技术。

（11）数据存储和计算机模拟技术。

（12）应用分子生物学和能源技术。

（National Economic Council/National Security Council/Office of Science and Technology Policy，1995）。

克林顿总统于1993年宣布了一系列新创建或扩展的技术支持计划，这些计划组成了克林顿政府未来技术政策蓝图的一部分。其中包括：DoD的技术再投资计划（Technology Reinvestment Project，TRP），现为两用应用项目；商务部的先进技术计划（Advanced Technology Program，ATP）；跨部门合作研究与开发协议（Co-operative Research and Development Agreement，CRADA）。

商务部在其网站上的一份声明中明确了实施先进技术计划的意义：

> 实施先进技术计划的目的在于与全行业分摊研发成本以共同

培育新技术，使美国经济整体受益。先进技术计划将重点投资那些风险高、有挑战性，但在未来能带来高回报的新技术（商务部网站）。

此处我们应该注意到美国政府通过这种方式向航空航天产业提供的长期的、多用途的制造技术研发补贴是欧洲所没有的。军民两用技术的研发连接了民用和军用航空航天产业。因此，虽然美国官方始终否认，但是军民两用技术研发项目显然是一种以国防资金提高民用技术的方式。正如一份国家科技报告所指出的那样：

> 我们必须利用好军用和民用航空产品和服务的技术通用性，以加强我们研究与技术开发活动的效率和经济性。这需要政府和行业共同努力，积极寻找民用和军用产品共同的技术需求（National Science and Technology Council，1995：5）。

3.5　本章小结

我们必须认识到，在航空航天产业及其他现代国民经济的主要领域，政府深度参与这些试图夺取全球市场成功的战略之中。对于美国而言，航空航天产业，尤其是民用飞机产业，是国民经济的重要组成部分。该产业引领了技术突破，推动了最新技术成果向其他高科技产业的转移，创造了更多高技能就业机会。此外，航空航天产业在出口领域表现强劲，弥补了其他产业的弱势。航空航天产业还带动了大量供应链上的小微企业发展，为区域经济繁荣作出了贡献。最后，该产业对于国防至关重要。因此，考虑到航空航天产业的战略重要性，美国政府动

用一系列政策工具支持其发展的行为并不令人惊讶。

本章试图阐明美国航空航天产业政策的本质及其对美国大型商用飞机产业的影响。鉴于有关美国航空政策的官方声明以及航空航天产业的顶层战略意义,我们认为航空航天产业是美国联邦财政补贴的受益者。本书的第 4、第 5 章会就相关研究项目和其资金来源进行更详细的说明,我们认为这些项目事实上构成了政府补贴。

第 4 章
NASA 对美国大型商用飞机产业的补贴

航空产业，特别是大型商用飞机产业，是极为独特的，因为近一个世纪以来，它长期受益于美国政府资助的研发项目（Pinelli, et al., 1997：13）。

NASA 的航空研发项目主要通过两种方式帮助美国的飞机制造商开发和应用新技术：一是在 NASA 内部开展研究并将研究成果转移给美国的飞机制造商；二是通过与美国的飞机制造商签订合同来开展特定的研究，而这些研究通常需要与 NASA 的内部研究进行合作。此外，NASA 的研究人员还能够为美国的飞机制造商的工程师解决技术问题提供帮助，这可以被视为一种免费的咨询服务。与军用技术的开发过程一样，由于美国的飞机制造商能够获取由 NASA 承担开发和测试成本及风险的技术，因此他们能够在低成本、低风险的情况下将相关技术整合到他们的产品中。在通常情况下，这些技术领先将使美国的飞机制造商更具竞争力（COTA，1991：73）。

4.1 概览

本章将从四个方面详细描述 NASA 主导的研究与技术项目为美国大型商用飞机产业带来的益处。首先，我们将分析 NASA 的使命以及该机构在美国航空技术知识传播中发挥的奠基石作用。其次，我们将列出 NASA 主导的具体研发项目及其细分方案。再次，我们将分析 NASA 预算规模及其分配详情。最后，我们将对 NASA 主导的研发项目为美国大型商用飞机产业所带来的来自政府财政的收益进行整体估算。其数据主要源自“自上而下”的数据，即来自美国国会协商委员会预算、NASA 航空办公室及 AIA 的官方文件。此外，我们根据《信息自由法》获得了 NASA 研究与技术合同的信息，从中提取的“自下而上”的数据将对上述估算进行补充。在我们看来，“自下而上”的数据对于追踪美国大型商用飞机产业补贴在各单位之间的流向非常有效。由于缺乏前面我们所提到的这种“自下而上”的数据，过去所开展的对美国大型商用飞机补贴的研究很难精确地判断 NASA 主导的研究项目到底为美国大型商用飞机产业带来多少收益。因此，我们试图在本章对 NASA 的分析中补全这些信息。有关分析方法的完整说明参见附录 A。

4.2 NASA 的使命和职能

在这一部分中，我们将详细介绍 NASA 及其前身美国国家航空咨询委员会（National Advisory Committee for Aeronautics, NACA）所扮演的角色及其所起到的作用。根据《美国国家航空暨太空法》[①]，美国政府于 1958 年成立 NASA。在 NASA 的章程中，与航空相关的目标有以下三个：

（1）提高航空器的实用性、性能、速度、安全性和效率。

① 美国国家航空暨太空法（National Aeronautics and Space Act）是创立 NASA 的美国联邦法。在苏联发射人造卫星后，美国众议院航空暨太空探索委员会就紧跟着草拟了法案，并于 1958 年 7 月 29 日由美国总统艾森豪威尔签署通过。

（2）对从航空活动中获得的潜在收益进行长期性研究。

（3）保持美国在航空技术方面的领先地位。

（National Aeronautical and Space Act，1958：85－568）。

上面提到的第三个战略目标明确提出 NASA 有责任加强美国大型商用飞机产业的技术竞争力。单纯从战略角度出发来看，这一条款的含义可能并不十分明确，但从具体实施层面来看，这意味着 NASA 的任务之一就是与美国国内飞机制造商建立密切的工作关系。根据戈利奇和皮内利的说法，下述战略设计保证了美国在航空领域的主导地位：

> 美国在航空领域的主导地位源自政府和全行业之间的密切合作。总体来说，这种合作遵循"以任务为导向"的战略，其特点是以企业为中心开展大规模研究项目，并将研究重点放在类似国防这样的重要领域。在国家航空咨询委员会的主导下，联邦政府层面自 1915 年开始广泛支持航空知识和技术的生产、转移和应用（Golich and Pinelli，1998：7）。

在关于美国政府是否补贴美国大型商用飞机产业的长期争论中，许多时候，争论的焦点其实都转移到了 NASA 在这一过程中所扮演的角色。在这里，我们试图通过列举该机构在促进美国商用飞机产业竞争力方面发挥的作用来论证 NASA 确实向美国大型商用飞机产业提供了补贴。在此过程中，《NASA/DoD 航空航天知识扩散研究》这本论文集为我们的研究带来了巨大帮助。该论文集于 1997 年分两卷出版（Pinelli et al.，1997），清楚地阐明了美国为大型商用飞机产业提供公共资金的目的。该论文集还揭示了一个关于美国联邦财政的基本事实，即：由于它掩盖了 NASA 和 DoD 的作用，补贴问题被进一步混淆。

正如作者所言：

> 人们对美国联邦政府资助的航空航天研发项目所产生的知识和技术如何在个人、组织、国家和国际层面扩散却知之甚少，尽管每年为了这些项目已经花费了纳税人数百万美元(Pinelli et al., 1997)。

正如我们所见，NASA 的使命可以追溯到 1915 年，即其前身 NACA 的设立。NACA 最初被赋予的使命是进一步以找出实际解决方案为最终目标，深入研究关于飞行的问题(COTA, 1991: 65-66)。虽然 NACA 最初并未打算开展自主研究，但其很快就被迫在加利福尼亚州、俄亥俄州和弗吉尼亚州建立自己的科研设施，因为私有企业并没有产出政府所需要的创新成果。今天，这些可以追溯到 20 世纪 20 年代、30 年代和 40 年代的设施成为现在所熟知的 NASA 下属的兰利、艾姆斯、刘易斯(现在的格伦)和德莱顿研究中心。

通过充分利用这些科研设施，NACA 达成了许多开创性的技术突破，以解决飞机气动阻力问题。事实上，正是这一问题在两次世界大战期间限制了飞机在速度和燃油经济性方面的进一步提高。所有技术创新中，尤为重要的一部分是层流翼型的开发以及随后整个翼型系列的创建与数据编目，这为未来的行业工程师提供了现成可用的设计优化的工具和基础。因此，NACA 的科研项目对于推动美国在空气动力学方面的进步至关重要。国会技术评估办公室的一份研究报告指出，直到第二次世界大战开始，凭借其试验设施和专业知识，NACA 始终是美国航空技术研究的主导力量(COTA, 1991: 67)。

第二次世界大战后，在冷战的大背景下，美国政府更加注重军用航空航天技术的发展，因此 NACA 在美国航空技术研发整体架构中的地位

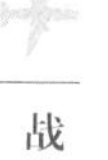

有所下降。但是，由于 DoD 主导的军事科技研发项目是美国喷气式客机技术进步的源头，航空航天研发项目成果的商用化进程并没有受到太大影响。相较 NACA，DoD 的政策工具更加直接，完成原型机研发后，DoD 就会将其直接交给全行业进行商用开发。核能和合成燃料技术的商用化也采取了相似的路径（Heppenheimer，1995：1 - 2）。1958 年，NACA 经过改革更名为 NASA。随着太空探索成为新的研发重点，航空技术的优先级只能列于空间技术之后。但在 20 世纪 60 年代末和 20 世纪 70 年代初，NASA 的角色再次发生了转变，并延续至今。在 20 世纪 70 年代，一种名为“概念验证”的理念开始指引 NASA 的工作。该理念要求技术研究必须走出实验室，并证明其在实际应用中的可行性。

我们必须认识到“概念验证”理念从根本上改变了 NASA 与美国大型商用飞机产业之间的关系。正如已经观察到的那样，公共科研资金填补了自由市场框架下无法覆盖的技术领域，要正确认识美国政府的研发资金必须考虑到这一点。“概念验证”计划的实施使间接补贴能够被更为集中地投放在与私有企业商业目标相关的技术项目上。“概念验证”除了要求 NASA 制造 X 系列试验机以推动军事应用和超声速技术的发展，还要求该机构开展大规模技术演示项目。

技术演示项目就是将航空方面的技术与研究计划的概念和成果应用于原型机或整合进现有的工作系统中去。因此技术演示某种意义上是研究技术项目与产品开发之间的桥梁。简单地说，技术演示是一项技术从概念到成为有形产品之间的关键步骤。技术演示这个流程演示了概念的可行性，并可以提供关于性能特性和可靠性的初步数据。随着近年计算机设计工具技术（如 CATIA 和 CADCAM）的发展，物理技术演示可以与虚拟技术演示相结合以加快飞机技术开发周期。技术演示项目与本书的主题密切相关，因为私有企业恰恰不太可能负担这种形式的研发活动。

为技术演示项目提供资金是一个战略性决策，NASA 经常以美国在关键技术领域正被赶超为由，向国会申请资金并在通过后执行具体的资金配置。其战略性与经济福祉相关，也与国家安全挂钩(Hansson，1997：6)。

继 NASA 将工作重点转向以"概念验证"理念为指导的研发项目后，NASA 启动了许多民用和军用的技术演示项目以支持美国大型商用飞机产业的发展。表 4.1 中详细列举了这些项目的名称和技术目标。列表中也包含了军用技术演示项目，因为我们的分析是基于无论是军事项目还是民用项目都存在基本的技术转化潜力这一观点(见第 5 章)。可以肯定的是，DoD 不太可能将原型机整体转化成为商用产品。但是鉴于目前发动机和各种设备的价值占比超过了飞机总价值的 50%，我们必须关注系统、零部件和材料技术从军用领域到商用领域的技术转移。近年来，在国防技术项目中开发的新型复合材料和新型合金技术已转移到民用运输机领域，这大大降低了大型商用飞机的研发成本。此外，国防业务还引领了制造技术方面的革命性变化。正如国会技术评估办公室所指出的那样，国防技术项目中对复合材料的开发和测试是将它们成功导入商用领域的关键(COTA，1991：41)。除了航空技术外，航天技术演示项目也有助于大型商用飞机产业的发展，例如 NASP X-30 计划就推动了钛合金技术在波音 777 短舱上的应用。

表 4.1　NASA 技术演示项目

演示机型	1970 年起 NASA 示范项目(军用及民用)
波音 757	混合层流实验平台(亚声速)
波音 737	高升力襟翼技术
F-18	高迎角研究航空器
SR-71	高速民用运输空中测试平台

（续表）

演示机型	1970 年起 NASA 示范项目(军用及民用)
UH-60	旋翼机机组系统概念机载实验室、旋翼机低空飞行自动导航研究、全球定位系统(global positioning system，GPS)精密导航飞行系统
XV-15	噪声消减取证、故障模式与操纵品质实验
F-15	高度集成的数字电子控制实验
F-16XL	民用运输混合层流实验平台(超声速)
X-29	超临界薄截面前掠翼和紧密耦合鸭翼实验
X-30	国家空天飞机计划(National Aero Space Plane，NASP)
X-31	为探索未来民用和军用飞机中可能的阻力和重量节省而设计的准无尾构型
X-32	波音联合攻击战斗机(JSF)概念样机
X-33	“冒险星”亚轨道可重复使用运载火箭(RLV)
X-34	“轨道科技”可重复使用运载火箭样机
X-35	洛克希德・马丁联合攻击战斗机(JSF)样机
X-36	波音无尾飞机样机(原为麦道公司研发)
X-37	Future-X 计划低成本太空往返样机
X-38	国际空间站航天员返回舱技术演示机
X-39	该项目编号尚待分配
X-40A	GPS 精确自动着陆引导系统样机
X-41	细分项目
X-42	细分项目
X-43	Hyper-X 高超声速航空器项目的组成部分

资料来源：NASA/国际航空，(6－12/1/99)。

20世纪80年代初期，里根政府曾试图改变NASA对大型商用飞机产业的支持政策。里根政府宣称，任何技术研发与短期商用挂钩将被视作不当的政府补贴会被削减(COTA, 1991: 68)。然而，来自白宫科技政策办公室(Office of Science and Technology Policy, OSTP)和国家研究委员会(National Research Council)的报告成功地改变了里根政府的观点。削减1983财年航空技术研发预算的威胁暂时得以解除。尽管如此，官方对补贴的担忧在1995年重新浮出水面，当时有人指出，NASA主导的技术研发项目的收益只属于飞机制造商、他们的客户，以及航空公司(Congressional Budget Office, 1995)。

4.3 新的技术和贸易议程

上述里根政府试图削减预算的结果凸显了NASA对国家安全的重要性，以及以公共财政弥补私有企业研发资金不足的必要性(COTA, 1991: 69)。随着时间的流逝，美国社会对贸易平衡问题以及来自欧洲和日本对其在高科技领域发起的挑战变得愈发敏感起来。1988年出台的《综合贸易和竞争法》[①]象征着美国政府决定采取更加积极、直接的产业政策以确保自身的竞争优势。该法的序言这样写道，美国政府最重要的任务应是推行各类国内和外交政策……以确保美国在技术、工业和农业等基础领域继续保持活力[第1001 (a)

① 1988年美国《综合贸易和竞争法》是美国历史上迄今为止篇幅最长、涉及面最广的贸易法，意在加强美国工业的国际竞争地位。为此，该法加强了美国总统的谈判授权，以提高其在多边、双边谈判中迫使外国政府作出让步的能力。在知识产权方面，该法包括大量与知识产权有关的条款，并创造了几个新的机制来帮助美国政府在对外知识产权谈判中赢得让步，这就是"特殊301"和"超级301"的机制。

(4)条]。希顿(Heaton)指出,政府的政策正愈发趋向鼓励合作和积极作为,以促进技术发展(Heaton, 1989: 87)。政策导向的转变无疑对航空产业至关重要。20 世纪 80 年代末,由于空客公司的产品在技术层面已经与美国制造商持平,因此为更好地应对来自空客公司的挑战,美国国会呼吁 NASA 更直接地关注美国大型商用飞机项目的商业可行性(Tyson,1992: 155)。1987 年,参议院商业、科学和交通委员会指示 NASA:

> 制定一份为期多年的技术开发和演示计划以帮助美国维持其在航空研究和技术方面的领先地位,以及在未来民用飞机国际市场上的竞争优势……(并)确保美国未来在民用飞机市场上继续保持领先地位(U. S. Congress, Report of the Senate Committee on Commerce, Science and Transportation on the NASA Authorization Act of 1988,1987 年 6 月 24 日)。

1988—1997 年,美国国家研究委员会(National Research Council, NRC)、技术政策办公室(Office of Technology Policy, OST)和国家科学与技术委员会(National Science and Technolgoy Council, NSTC)编制的多份报告都反复强调了上述建议的重要性(Pinelli, et al., 1997: 114)。正是出于对空客公司崛起的忧虑,美国决策层对这些报告进行了仔细研读与评估,并对政策作出了相应调整。这些文件的内容清晰表明,美国上下一致认为航空技术研发必须与美国的产业实力和商业利益更紧密地联系在一起。过去,尽管麦道公司 MD-11 项目失败,导致当时美国的民用飞机制造业务向波音公司集中,美国决策者对补贴某一家大型商用飞机制造商仍心存顾忌,因为这可能引发国内市场的不公平竞争。但是,随着 1997 年波音与麦道合并,波音公司已经彻底

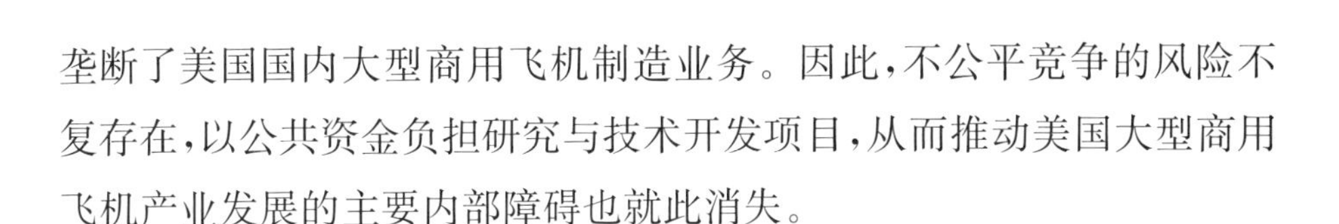

垄断了美国国内大型商用飞机制造业务。因此，不公平竞争的风险不复存在，以公共资金负担研究与技术开发项目，从而推动美国大型商用飞机产业发展的主要内部障碍也就此消失。

4.4　航空研究与技术开发项目与预算结构

在这一部分中，我们将介绍对 NASA 经费预算和项目结构的认知（见图 4.1）。

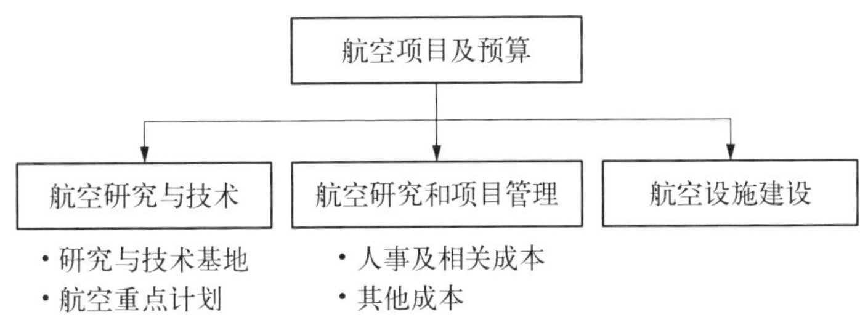

图 4.1　NASA 航空项目预算分配

政府资金流入大型商用飞机产业产生了具体的财务收益，而我们研究的目标就是找出并量化这类收益。因此，我们需要对军民两用技术研究项目与仅用于军事的研究与技术项目进行区别。事实上，完成分类工作需要仔细评估 NASA 研究与技术项目的具体内容。本部分介绍中使用的预算数据（非罗列在表格中的数据）全部来自 NASA 航空办公室的预算报表。而这些数字与表 4.2 中给出的数据略有不同，因为表 4.2 中的数据是我们应用附录 A 中公式对实际支出作出的估算。其他数据差异的产生则是因为 NASA 的统计数据未给出在航空研究和技术预算中关于研究与项目管理的具体数字。

表 4.2　NASA 航空航天研究与技术计划预算

（单位：百万美元）

项　　目	年　　份						总计
	1993 财年	1994 财年	1995 财年	1996 财年	1997 财年	1998 财年	
研究与技术基础计划	436.5	448.3	366.3	354.7	404.2	418.3	2 428.3
先进亚声速技术计划	12.4	101.3	150.1	169.8	173.6	211.1	818.3
高速研究计划	117.0	187.2	221.3	233.3	243.1	245.0	1 246.9
其他	299.7	83.9	144.3	159.5	23.3	45.7	756.4
总计	865.6	820.7	882.0	917.3	844.2	920.1	5 249.9

资料来源：NASA 预算，1998 年。

与航空产业相关的预算经费的三个部分，最重要的是航空研究和技术。正是这部分经费支持 NASA 开展大型研究与技术项目，而研究成果则通过技术转移进入了美国大型商用飞机产业。研究与技术项目分为两大领域：长周期的、针对通用性航空技术研究的基础研究计划，以及针对更具体的短期技术目标的航空重点计划。其中，两个重点项目是先进亚声速技术计划和高速研究计划。表 4.2 给出了这些项目的预算支出。在本章之后关于先进亚声速技术计划的部分中，我们将会展现 NASA 相关研究与技术项目的研究成果，例如新机翼技术就可以在现有机型上应用。

从这些预算数字中我们可以清楚看到 1994 年克林顿政府颁布的航空计划的影响力，国家研究委员会和科学技术办公室报告中的建议通过这一计划得以实施。事实上，这些计划也是美国新型航空航天产业政策的组成部分。1993年2月，克林顿总统公布了一项165亿美元的国家投资计划，以改善国家民用技术基础能力，其中就包括了显著改善美国航空研究基础设施的建议（*Aviation Week and Space Technology*，1993年3月1日：18-19）。与此同时，NASA在1994财年的预算提案中，与航空产业相关的预算支出大幅增加至15.5亿美元，同比上一年增加4.5亿美元。预算提案中明确提出要大幅增加这两个主要重点项目的支出额度。在这之前，一系列国家执行层面的报告中已经在持续强调空客公司给美国大型商用飞机产业带来的竞争与挑战。因此，NASA将研究重心转移到商用领域，同时大幅提高与大型商用飞机产业相关的项目预算。关于公共资金投放的趋势，我们应该重点关注两点：第一点是克林顿政府航空计划实施期间公共资金额度的大幅上涨；第二点是20世纪90年代对航空重点计划资金投入的持续增加。1994年出台的克林顿航空计划中提议将NASA在航空方面的支出提高18%。从表4.2中的数据来看，其作用是显而易见的。但是这些数字不包括NASA在研究与项目管理（research and program management，RPM）以及设施建设方面的额外支出，本章稍后将对此进行详细说明。

关于NASA的资金支持是否等同于对美国大型商用飞机项目的补贴这一关键问题，美国交通部长费德里科·培纳（Frederico Pena）在航空计划启动时的声明非常中肯：

> 当我们极力避免任何监管行为的同时，我们将政府在航空领域的新角色定义为积极参与者。践行这一理念的一个范例是将NASA的预算增加18%的提案，由此该机构就能够为商业项目的启动提供补贴。获得大量资金支持的项目是先进亚声速技术计划和高速研究计划（Statement of U. S. Transportation Secretary,

Federico Pena, Washington D.C.,1994 年 1 月 6 日)。

4.5 NASA 的研究与技术项目

在这一部分中,我们将详述 NASA 的研究与技术项目及其具体预算额度。以下引文表明了这些计划与后续商业开发的相关性及其在商用化中的作用:

NASA 与 DoD、美国联邦航空管理局(Federal Aviation Administration, FAA)、美国产业界和学术界密切合作,共同履行各自在航空方面的使命。该项目反映出我们必须长期支持解决关键的技术和性能壁垒。要以保持我国在航空领域的长期领先地位为目标,不断加强高回报领域的技术开发(NASA 航空办公室)。

NASA 提供的资助旨在应用于商用客机(包括亚声速和超声速客机)的技术和系统开发,其目标是保护美国在当前和未来在全球客机市场上的份额[Congress of United States Budget Office, Reducing the Deficit: Spending and Revenue Options, A Report to the Senate and House Committees on the Budget, 1995(2): 152]。

4.5.1 基础研究与技术计划

为了准确计算出美国大型商用飞机产业获得的经济利益,我们有必要对 NASA 与航空产业相关的计划从不同角度予以更详细的解读(见图 4.1)。航空研究与技术(aeronautical research and technology, ART)是 NASA 与航空方面有关行为的通称。ART 可以细分为基础

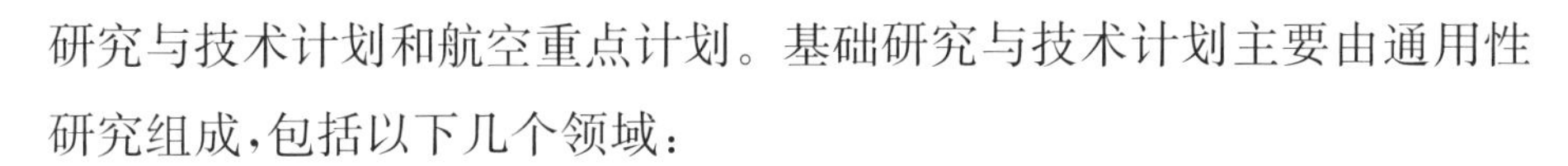

研究与技术计划和航空重点计划。基础研究与技术计划主要由通用性研究组成，包括以下几个领域：

（1）空气动力学。

（2）结构学。

（3）材料学。

（4）人为因素。

1993—1998年，NASA对基础研究与技术计划的总体预算分配如表4.3所示。

表4.3　NASA研究与技术基础计划预算

（单位：百万美元）

1993财年	1994财年	1995财年	1996财年	1997财年	1998财年	总计
436.5	448.3	366.3	354.7	404.2	418.3	2 428.3

资料来源：NASA预算，1998年。

NASA为基础研究与技术计划制定了六项战略目标：

（1）为开发新一代具有优越环保性与经济性的美国亚声速民用飞机，以及打造安全、高效的全球航空运输系统而研发高回报的技术。

（2）为建设经济且环保的高速民用交通系统打下技术基础。

（3）为高性能飞机应具备的先进能力制定技术方案。

（4）开发并演示高超声速吸气式飞行技术。

（5）为更先进的航空航天系统提出新概念，加深应用层面的理解，同时开发理论、实验和计算工具。

（6）开发、维护和运营国有重要科研设施以支持航空技术研究和航空产业、DoD、FAA及其他NASA主导的科研项目。

（来源：NASA航空办公室）

受降低产品成本和增加市场份额的需求驱动，NASA在实现这些战略目标的过程中还将兼顾开发一种跨行业的研发模式，这将有助于美国产业界实现减少50%产品研发周期的战略目标。

根据NASA航空办公室的说法，下面列出的应用于美国大型商用飞机的技术是在基础研究与技术计划中开发的：

(1) 波音757和波音767的超临界机翼技术。

(2) MD-11和波音747-400的翼梢小翼(技术)。

(3) MD-11、波音757、波音767和波音747的消声短舱(技术)。

(4) JT-D发动机和波音747的涡轮主动冷却(技术)。

(5) 波音757、波音767、波音747和MD-11的复合材料结构和先进铝合金材料。

(6) 波音757、波音767、波音747和波音777的先进驾驶舱显示器。

虽然基础研究与技术计划为美国大型商用飞机产业的发展作出了如上贡献，但是美国政府并不认为开展计划所需的资金构成政府对美国大型商用飞机产业的补贴。美国航空航天研究所的航天与科学政策主任为基础研究与技术计划的目标做了如下定义：

> 基础研究与技术计划给未来航空技术的发展带来了新的机遇，这将有助于提高美国整个航空体系的表现、增强安全性、降低成本、提高可靠性和提供更好的操作性。保证美国航空产业未来竞争力的根本在于基础研究与技术计划能否顺利实施……在高速研究计划和先进亚声速技术计划之后，下一代系统技术开发项目也将来源于基础研究与技术计划的技术成果。对于那些未来可能出现，但我们又无法在近期预见到的技术问题，这个计划是解决问题所需专业知识的源泉(Testimony to the House of Representatives,

1994 年 2 月 10 日)。

4.5.2 航空重点计划

航空研发和技术项目的第二个主要组成部分是航空重点计划,这之中就包括了高速研究计划和先进亚声速技术计划。这些计划主要目的是针对性地研究先进航空技术理念,以便将新的技术成果整合进当前和未来的美国大型商用飞机机型。

4.5.3 先进亚声速技术计划

先进亚声速技术计划旨在开发新型亚声速民用喷气式客机所需的技术,并以此重新取得对空客公司产品的技术优势。近年来,先进亚声速技术计划的经费预算增加了近 20 倍(见表 4.4 和图 4.2)。

表 4.4 NASA 先进亚声速技术计划预算

(单位:百万美元)

1993 财年	1994 财年	1995 财年	1996 财年	1997 财年	1998 财年	总计
12.4	101.3	150.1	169.8	173.6	211.1	818.3

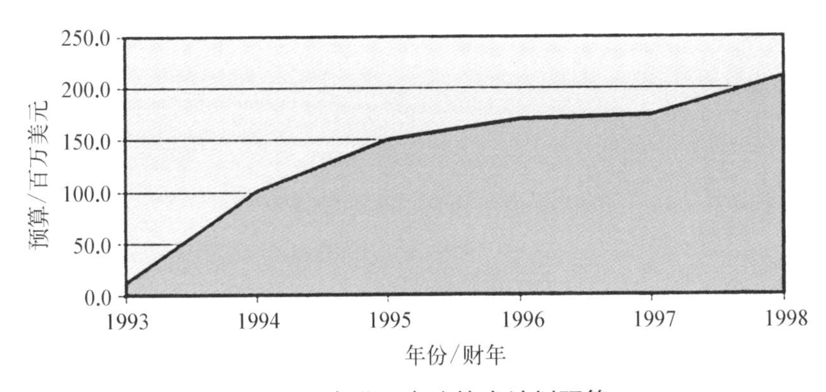

图 4.2 先进亚声速技术计划预算

在丹尼尔·戈尔丁(Daniel Goldin)担任NASA局长期间,NASA改变了研究的侧重点和优先级,先进亚声速技术计划由此获得了更多的资金支持。根据克林顿政府航空计划的宗旨,NASA主导的航空重点计划在当时的战略中优先级很高。正如NASA副局长韦斯利·哈里斯(Wesley Harris)向众议院议员所解释的那样:

> 美国NASA开展先进亚声速技术计划的目的就是加强美国的竞争优势,以便重新夺回市场份额,维持强势的贸易顺差,同时增加美国的就业机会(Testimony to the House of Representative,1994年2月10日)。

在国家研究委员会于1992年发布的《21世纪航空技术》(*Aeronautical Technologies for the 21st Century*)中,也明确阐述了这一政策导向。这份报告详细论证了一个观点,即:若美国政府不能提供帮助,则其大型商用飞机产业在与空客公司日趋激烈的竞争中将会遭受巨大损失。此外,该报告还论述了NASA为开发先进亚声速和超声速飞机技术提供金融工具的必要性(National Research Council,1992)。先进亚声速技术计划力求在如下多个技术领域实现突破:

(1) 线控飞行/线控供电。

(2) 复合材料。

(3) 一体化机翼设计。

(4) 飞机推进技术。

(5) 降噪技术。

(6) 技术整合与对环境的影响。

(7) 飞机环境遥感技术。

(8) 终端区生产力。

(9) 短程飞机。

(10) 旧机处理。

4.5.4 高速研究计划

20 世纪 90 年代,NASA 的第二个重点研究计划是高速研究计划。尽管该计划因波音公司不愿为技术演示提供资金而于 1999 年终止,但该计划在终止前已投入超过 10 亿美元用于开发超声速机身技术,其中包括了与波音公司和麦道公司签订的价值 4.4 亿美元的合同。NASA 高速研究计划总预算概况如表 4.5 所示。

表 4.5 NASA 高速研究计划总预算概况

(单位:百万美元)

1993 财年	1994 财年	1995 财年	1996 财年	1997 财年	1998 财年	总计
117.0	187.2	221.3	233.3	243.1	245.0	1 246.9

资料来源:NASA 预算,1998 年。

20 世纪 90 年代的高速研究计划并非美国启动的第一个商用超声速飞机开发项目。早在 20 世纪 60 年代,美国政府已经资助了一个名为"超声速运输机"(supersonic transport, SST)的项目,但是由于经济可行性和环境适应性的问题,该项目于 1971 年被终止。此外,该计划也没有产出开发超声速飞机所需要的技术。1987 年,超声速运输机计划重启,科学技术办公室要求 NASA 重新调研高速民用运输机(high speed civil transport, HSCT)的技术可行性、经济可行性和环境适应性,并明确其中潜在的高收益、高回报的技术。

1989 年,麦道公司和波音公司回应了 NASA 提出的有关超声速飞机的问题,明确指出高速民用运输机具有市场潜力。两家公司指出无论是继续支持还是放弃先进高速飞机技术的风险都很高，因为更加先进的高速飞机能够对贸易平衡产生重大影响。

高速研究计划的目标市场是环太平洋地区。1989 年麦道公司和波音公司的报告预测，往返该地区的客运量将翻两番。再加上世界其他地区远程客运需求的温和增长，两种因素叠加将创造大约 500 架下一代超声速运输飞机的市场需求。两家公司对这一市场的估值为 2 000 亿美元，并可能创造 14 万个工作岗位。

1999 年，由于亚洲经济环境变化以及不愿为演示样机自筹资金，因此波音公司终止了该计划，但可以肯定的是高速研究计划中开发的技术将被应用于波音未来的客机项目中。此外，恢复高速研究计划中有关超声速技术的项目也并不困难。

4.6 NASA 对美国大型商用飞机产业的支持模式

在之前对 NASA 科研计划的分析中，“自上而下”的支出数据来源于 NASA 的预算方案以及预算申请。然而，评估资助美国大型商用飞机产业的实际支出金额还缺少三个必需的关键细节。这三个细节如下：

（1）研究与项目管理预算的确定。

（2）研究与技术项目在军民领域的区分。

（3）将与美国航空航天产业有关的支出独立出来。

本部分主要说明如何估算并确认航空技术研究和项目管理预算额度，以及如何区分 NASA 研究与技术项目中的民用技术和军用技术。此外，我们还将说明计算与航空航天相关支出金额的方法。

关于研究与项目管理，NASA 对其航空预算的定义不包括开展航空研究和技术项目的内部成本。然而，在高速研究计划高峰期，大约有650名政府科学家和工程师与波音及麦道一起参与该计划。

美国政府的总体预算提案中也涵盖了NASA的预算方案。然而，为了获得NASA实际财务支出的准确数字，在此部分，我们将使用已通过国会两院和国会会议委员会审议的预算提案中的数据。

为全面了解NASA的经费支出，我们有必要了解NASA航空办公室公布的用于研究与项目管理等各领域的经费具体数字。同时，我们从美国审计总署(General Accounting Office, GAO)取得的数据可用于两者之间的互相印证。尽管如此，有两个问题依然存在，它们将影响外界监控美国遵守当前和未来的大型商用飞机合规要求的程度：

(1) NASA研发合同的价值通常会在下一财年的报表中体现出来。也就是说，1992年的数额会出现在1993年的报表上。然而，如果一份合同的执行期限长达数年，这样做会使得同一合同在财报中的价值随着年份推移因通胀而逐步下降。美国审计总署最近在一份报告中强调了这些困难：

> 由于政府系统、记录保存、文件编制和管控方面的缺陷，简单地合并财务报表和相关附录中报告的金额无法形成可靠的信息。这些缺陷还降低了包含在财务管理信息中其他类别信息的可靠性，其中就包括取自财务报表数据源的预算信息，以及用于政府日常管理的信息(GAO, Results of Fiscal Year 1997 Audit，1998年4月)。

(2) 联邦机构将其预算提案称为"估算"。因此，NASA申请的预算金额可能与国会实际批准的不一致。更麻烦的是，NASA实际支出金额很可能与批准的预算金额完全不同。如果财政拨款有结余，这些

资金可能会结转以支持未来几年的缺口。值得注意的是，1996 财年初，NASA 有 36 亿美元的“结转”余额。

我们在这里提出的这些审计上的问题是为了提醒读者，当对联邦资金数据准确性进行交叉复核时，很可能会发现数据不一致，而我们的分析尽可能以实际支出为基础(更多详细信息，请参阅附录 A 研究方法)。此外，实际支出的数字也可以在 AIA 年报中找到(Aerospace Industry Association，1998—1999：105)。

4.6.1 NASA 的总体预算结构

NASA 的航空项目预算是该机构总预算的一部分，其中包括空间技术研究、日常运营、研究和项目管理以及设施建设的经费。截至 1994 年，NASA 对其预算的内部分类如下：

(1) 研发。

(2) 太空飞行与数据通信。

(3) 研究与项目管理。

(4) 设施建设。

1995 年之后，NASA 将其预算分类调整为下列四个子项目：

(1) 科学、航空与技术。

(2) 载人航天。

(3) 任务支持。

(4) 其他。

幸运的是，尽管分类的名称产生了变化，但是该变化并非实质性的改变。任务支持主要包括正式的研究与项目管理，以及设施建设的经费总额。之前航空研究与技术的预算可以在研发预算中找到，现在则归属科学、航空与技术部分。

我们在对航空方面的支出进行总体评估时又发现了一个更复杂的

问题。预算整体结构大致可分为航空和航天两大部分，迄今为止，用于航天方面的预算较多，而用于航空方面的经费较少。正如我们之前所提到的，计算航空技术研究的经费时，也必须考虑到部分研究和项目管理的经费支持。在之前关于美国政府资助美国大型商用飞机产业的一系列研究报告中，研究和项目管理经费一直存在争议。据我们所知，美国官方认为这笔经费属于政府内部履职的支出，但是这种说法存在问题。正如前述在高速研究计划中所介绍的那样，投入到航空研究与技术项目中的人力资源是 NASA 对美国航空航天企业支持行为中不可分割的一部分。因此，这些人员的薪酬应当被包括在 NASA 与航空相关的经费支出中。AIA 在计算 NASA 的航空总支出时也加入了研究与项目管理的部分预算（AIA，1998—1999：105）。

4.6.2 航空研究和项目管理支出

为了确定航空研究与项目管理的支出数字，我们使用了 NASA 在 1996、1997 和 1998 财年的全职人力工时（full time equivalent，FTE）[①] 数据。之所以从该角度出发分析这个问题，是因为国会和 NASA 的预算数据源都没有提供用于研究与项目管理预算的子项目的实际成本估算。为此，我们还参考了 1985 年的数据，以确定最近的变化趋势是否与美国 NASA 早期的数据相符。应当注意的是，这些数据包括了安全、可靠性和质量保证、设施建设、项目管理和中心运营方面的全部工作量。根据可获取的信息，我们可得出与航空相关的全职人力工时占年工作总工时 22.2%的结论。该数字也同样适用于主要由人力成本构成的研究与项目管理的总支出。

① FTE（全职人力工时）：是对从事科技活动人员投入量的一种测算方法，以代表一个人在一定时期内全部时间工作的计算单位为基础，用于把非全时工作人员数折算为全时工作人员的相等数量。

在1996、1997和1998财年，NASA内部全职人力工时在不同项目的分配情况如表4.6所示。

表4.6 NASA全职人力工时年度分配

项　　目	年　　份			平均百分比
	1996财年	1997财年	1998财年	
航空研究与技术	3 284	3 425	3 440	
航天研究与技术	12 621	12 461	11 750	
小计	**15 905**	**15 886**	**15 190**	
安全、可靠性、质量保证	124	105	105	
设施建造	224	176	172	
项目管理	554	55	55	
中心管理及运营	3 978	3 714	3 523	
其余可控全时当量	652	565	514	
总全时当量	**21 437**	**20 501**	**19 559**	**100%**
航空总计	4 820	4 422	4 427	22.2%
航天总计	16 617	16 079	15 132	77.8%

在此基础上，我们估计NASA研究与项目管理总预算的22.2%分配给了与航空有关的活动。以此计算出与航空相关的研究与项目管理资金的结果，如表4.7所示。

在一段时期内，这方面每年的支出超过3亿美元。对于和航空相关的设施建设支出，详细信息见附录B中所列出的引用数据清单。当然，最重要的信息来源还是NASA的《财政年度授权法》。我们将这些

细节信息划分为航空和航天两大类，然后根据以上信息计算出 NASA 与航空相关的支出总额。

表 4.7 预估支出：NASA 航空研究与技术项目管理

（单位：百万美元）

年 份	研究与项目管理	总 计
1992	303	303
1993	309	309
1994	300	300
1995	309	309
1996	314	314
1997	345	345

4.6.3 区分 NASA 航空计划中民用/军用/两用项目

同研究与项目管理预算一样，通用性航空研究与技术项目对子项目的细分又给我们的研究带来了一个关键的、与方法论相关的问题。NASA 自身对通用性研究领域的分类并未明确相关研究领域与军用或民用的联系。因此，我们决定成立一个由企业、大学和研究机构组成的专家小组，对不同 NASA 研究计划中可以被认定为民用、军用或者两用项目的百分比进行判定。此举旨在排除所有可能无法应用于美国大型商用飞机研发制造过程的研究活动。这项定性工作还包括欧洲航空航天工业协会（European Association of Aerospace Industries，AECMA）总部举行为期数周的研讨会，可对从美国国会获取的定量数据进行补充。

表 4.8 中列出了航空研究和技术经费以及研究与计划管理资金的百分比，并根据附录 B 中所列各资料来源的内容按民用、军用和军民两用进行分类。但是，它们并不适用于估算航空设施建设的支出金额。表 4.9 展示了 NASA 航空经费的细分领域，以呼应表 4.8 中列出的百分比数据。

表 4.8　专家分析：民用/军用/军民合用项目在 NASA 计划中的占比

分　类	纯民用	纯军用	军民两用	1996—1998 年平均百分比
研究与技术基础计划(在航空研究与技术总计划中占比 47.7%)				100%
信息技术	0%	0%	100%	18%
机体系统	65%	35%	0%	33%
推进系统	60%	20%	20%	19%
飞行研究	30%	30%	40%	18%
飞控系统	0%	0%	100%	4%
旋翼机	0%	0%	100%	8%
	38.20%	20.80%	41%	
航空重点计划(在航空研究与技术计划中总占比 52.3%)				100%
高性能计算与通信	0%	0%	100%	7%
高速度研究	100%	0%	0%	52%
先进超声速技术计划	100%	0%	0%	41%
	93%	0%	7%	
采用权重因子分别为 47.7%和 52.3%				
总计	67%	9.80%	23.20%	

资料来源：航空战略研究中心/欧洲航空航天研究机构协会小组成员。

表4.9 预估支出：NASA航空研究与技术计划(按部门划分)

(单位：百万美元)

年 份	纯民用支出	纯军用支出	军民合用支出	总 计
1992	429	64	150	643
1993	488	73	168	729
1994	609	91	209	909
1995	493	74	169	736
1996	512	76	176	764
1997	562	84	193	839

4.6.4 NASA研发合同的最终去向

通过研究NASA年度预算报告中的数据，我们得以进一步分析在NASA研发合同中与航空相关的支出。这些合同是NASA向美国大型商用飞机产业输送利益的主要手段，在输送研究成果的同时又通过合同款项承担了开展研究的成本。我们的分析表明，所有航空研发合同中的65%流向了美国航空航天企业，剩下的35%流向了不主要从事航空航天领域的美国企业、美国大学和其他政府机构。

上面列举的这些想法构成了我们评估NASA航空经费的方法论。详细的说明见图4.3和图4.4。

根据图4.3和图4.4列出的想法，我们能够使用“自上而下”的数据明确NASA总体预算以及与航空相关的经费额度。这些内容见“NASA与航空相关的详细支出”(见表4.10～表4.14)。尽管这些数

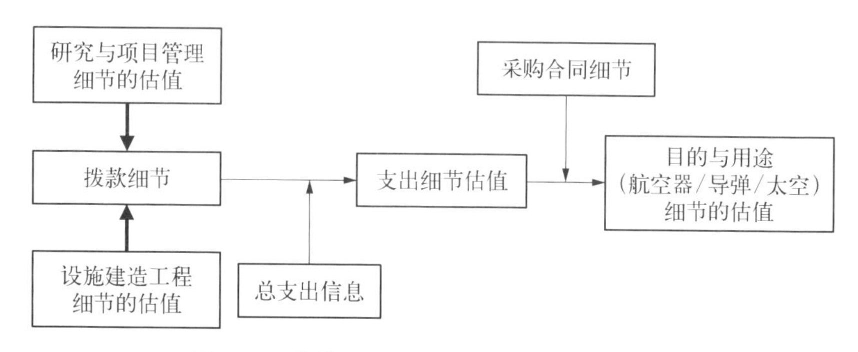

图 4.3　估算 NASA 航空费用的方法示意图

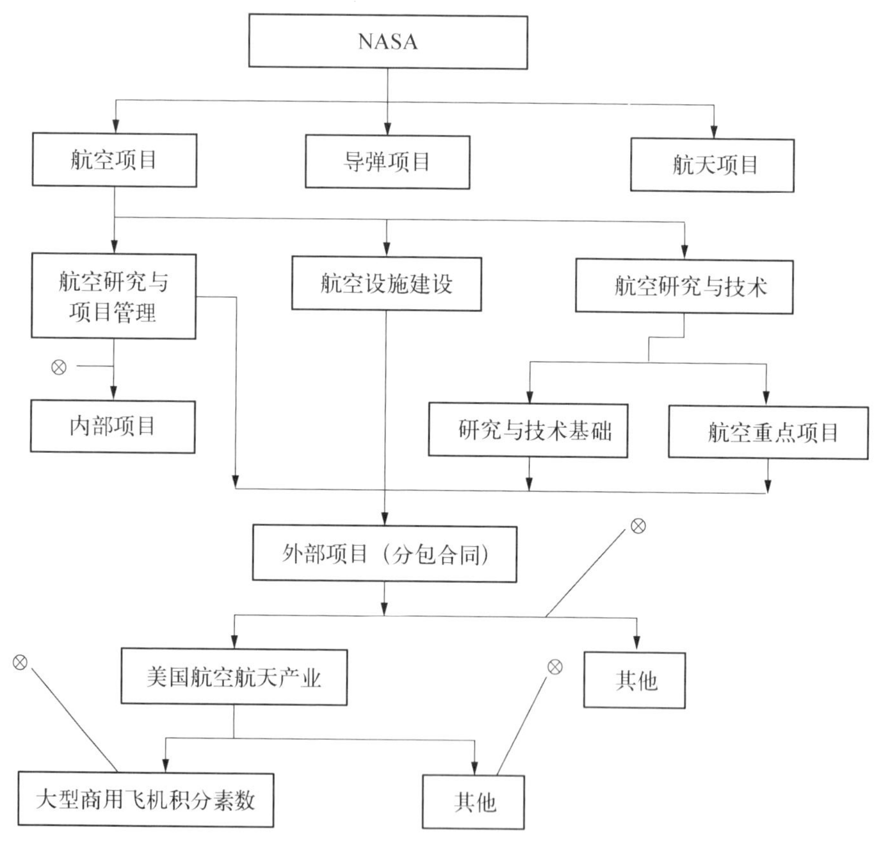

⊗指支出中与大型商用飞机有关的部分。

图 4.4　NASA 航空费用估算方法示意图：项目中有多少支出与大型商用飞机有关？

据是“自上而下”的，但是我们仍使用了许多方法来追踪流入美国大型商用飞机产业的经费。通过详细调查 NASA 的内部运作机制，我们对民用、军用、军民两用研究项目进行了区分。这样做的目的是排除仅用于军事技术开发的经费。最大和最小值之间的一些细微差别说明目前可用的信息无法百分之百地明确项目的金额和细节。对 NASA 合同的分析使我们可按相关合同价值将 NASA 分包给美国大型商用飞机产业的研究工作进行分类，这有助于评估大型商用飞机产业获得的政府补贴金额。

4.6.5 NASA 航空的详细支出

读者应注意，仅在参考资料内含数据不同(见表 4.10～表 4.14)的情况下我们的统计才含最小和最大值。

表 4.10 NASA 总支出

(单位：百万美元)

年份	航空项目	导弹项目	航天项目	总计
1992	1 125	0	12 835	13 960
1993	1 212	0	13 092	14 304
1994	1 330	0	12 363	13 693
1995	1 153	0	12 593	13 746
1996	1 187	0	12 694	13 881
1997	1 302	0	13 055	14 357

注：由于四舍五入和所选择的方法(见附录 A)，各项之和与总数不一致。

表 4.11　NASA 航空研究与技术预估支出(按最终流向划分)

（单位：百万美元）

年　份	内　部	美国航空航天产业	其　他	总　计
1991	0	337	182	519
1992	0	418	225	643
1993	0	473	255	728
1994	0	591	318	909
1995	0	478	257	735
1996	0	497	267	764
1997	0	545	293	838

注：由于四舍五入和所选择的方法(见附录 A)，各项之和与总数不一致。

表 4.12　源自 NASA 航空项目转包预估支出

（单位：百万美元）

分类	纯民用项目		纯军用项目		军民两用		总　计	
年份	最低支出	最高支出	最低支出	最高支出	最低支出	最高支出	最低支出	最高支出
1992	499	528	79	108	215	215	793	851
1993	557	593	87	123	223	223	867	939
1994	671	690	101	120	239	239	1 011	1 049
1995	555	567	83	95	193	193	831	855
1996	575	590	86	101	197	197	858	888
1997	631	647	94	110	216	216	941	973

注：由于四舍五入和所选择的方法(见附录 A)，各项之和与总数不一致。

表 4.13 NASA 转包给美国航空业预估支出(按项目来源划分)

(单位：百万美元)

年　份	研究与项目管理	设施建设	航空研究与技术	总　计
1992	59	58	418	535
1993	60	53	473	586
1994	57	20	591	668
1995	60	10	478	548
1996	61	10	497	568
1997	67	11	545	623

注：由于四舍五入和所选择的方法(见附录 A),各项之和与总数不一致。

表 4.14 NASA 转包给美国航空业工作预估支出(按产业划分)

(单位：百万美元)

分类	纯民用		纯军用		军民两用		总　计	
年份	最低支出	最高支出	最低支出	最高支出	最低支出	最高支出	最低支出	最高支出
1992	324	343	47	70	140	140	511	553
1993	362	385	53	80	145	145	560	610
1994	436	448	65	78	155	155	656	681
1995	361	369	54	62	126	126	541	557
1996	374	383	56	65	128	128	558	576
1997	410	420	61	72	141	141	612	633

注：由于四舍五入和所选择的方法(见附录 A),各项之和与总数不一致。

4.6.6 总结 NASA 与航空相关支出

本部分将对表 4.8～表 4.14 中的数据进行总结。

通过对美国政府预算数据库进行检索，我们获得了以上列出的经费总额。以上数据大多出自官方，是“自上而下”的。尽管数据来源单一，但我们还是通过不同的方法来确定资金的最终去向，以使分析更加精确。过往对美国大型商用飞机产业补贴的研究，无法准确追踪资金流向是这些研究的主要缺点。因此，我们区分了军用、民用和军民两用应用以及内部支出与外部研发合同资金。通过对 NASA 合同的分析，我们还确定了转包给美国航空航天企业的工作（授予外部的合同）的百分比。我们相信这些数字比单一地研究各种与航空相关的项目支出金额所能获取的数字更加完整和精确。

综上，我们认为美国政府层面给予了航空产业大量资助。1992—1997 年的六年间，NASA 在航空方面的总支出每年均超过 11 亿美元，总计约 73 亿美元（见表 4.15）。其中，用于支付外包给美国航空航天企业的金额每年超过 5 亿美元，总计约 35 亿美元（见表 4.16）。航空航天产业的民用和军民两用的合同总额约 31 亿美元（见表 4.17）。图 4.5 则展示了行业分包的资金流向。

表 4.15 1992—1997 年 NASA 航空项目总支出

（单位：百万美元）

年份	1992	1993	1994	1995	1996	1997	总计
金额	1 125	1 212	1 330	1 153	1 187	1 302	7 309

表 4.16　NASA 转包工作总支出

（单位：百万美元）

年份	1992	1993	1994	1995	1996	1997	总计
金额	534	587	669	548	567	622	3 527

表 4.17　NASA 民用及军民两用项目转包工作总支出

（单位：百万美元）

年份	1992	1993	1994	1995	1996	1997	总计
金额	464	507	591	487	502	551	3 102

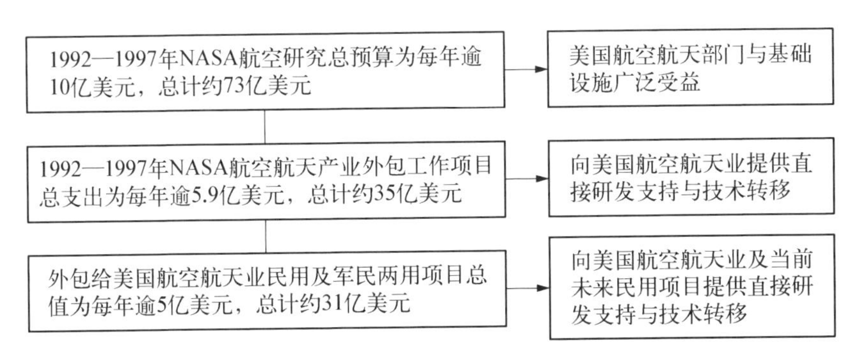

图 4.5　NASA 向美国大型商用飞机产业所提供的资金及流向

4.7　美国大型商用飞机产业研发合同:“自下而上”分析

在本小节中，我们将基于 NASA 给予美国大型商用飞机产业合同的总价值构建“自下而上”模型来印证我们对 NASA 与航空有关的总支出的计算，同时就 NASA 与美国大型商用飞机产业签订的合同展开讨论。在《NASA 详细开支》中，我们使用“自上而下”的预算和合同数据计算出了NASA与航空相关的总体支出，以及其中分包给美国航空航天企业的合同的价值。然而，由于一些不直接参与美国大型商用飞机制造的企业也收到了部分合同，因此我们对NASA数据库中波音公司和麦道公司获得的合同进行了查询，找出了更多细节。我们的目标是通过单独列出给予制造商的合同，以一种“自下而上”的方式论证NASA给予美国大型商用飞机产业的财务收益，并印证我们在前文中的计算结果。尽管其中部分合同的起始时间可以追溯到1989年，但是由于NASA数据库每年都会进行更新，我们只能研究1996—1997年仍然有效的合同。相关合同的详细信息如附录D所示(见表D4)。

我们将NASA与美国大型商用飞机有关的合同清单按照纯民用、纯军用、军民两用进行分类，并通过合同中的关键词检索确定合同是属于基础研究与技术计划还是属于航空重点计划。我们确信大部分(非全部)航空重点项目合同已被识别，但一些基础研究与技术计划下属合同的细节尚未明确，尤其是其中涉及军民两用技术的研究合同。因此，附录D中的表D1和表D2实际上已经排除了许多基础研究与技术计划下属的军民两用技术的研究合同。故而，我们估算出的美国大型商用飞机产业获得的财务收益很有可能是一个最小值。

此外，由于合同的执行时间会持续数年，合同总金额并不能被简单归入某一年份，我们通过左偏正态分布曲线在合同期限内分配支出(见附录D中的表D5)。通过这种方法，我们得出了1996—1997年的平均支出数字。计算出1996—1997年合同平均数据后，再以民用、军用、军民两用三种类型进行分类，最后排除基础研究与技术计划中仅服务于军用领域的项目。由于数据库更新，我们无法计算出1996—1997年度前已完成的合同的价值。但通过分类和计算，我们能够将“自下而上”的数据与我们关于NASA支出的“自上而下”的数据进对比。在之前的分析中，我们发现65%的合同被授予了美国航空航天产业，其中有一小部分流向了除波音公司和麦道公司以外的公司。根据我们通过“自下而上”的方式计算得出的结果，1996—1997 年大约 50%的航空重点计划支出直接流向了波音公司与麦道公司，这与我们之前用“自上而下”的数据计算得出的结论相呼应。关于航空重点计划的计算结果如表 4.18 所示。

表 4.18 1996—1997 年 NASA 航空重点计划中大型商用飞机项目合同均值

（单位：百万美元）

分　类	大型商用飞机项目	其他项目	总　计
纯民用	193	0	193
军民两用	11	0	11
总计	204	0	204

根据分析，我们认为 1996—1997 年间 NASA 通过航空重点计划向美国大型商用飞机制造商转移了 2.04 亿美元。

NASA 的基础研究与技术计划合同与航空重点计划合同的逻辑相同，合同总额如表 4.19 所示。我们估计基础研究和技术在 1996—1997 年，每年为美国大型商用飞机制造商带来的财务收益为 1.86 亿美元。

表 4.19 1996—1997 年 NASA 研究与技术基础项目中大型商用飞机合同均值

（单位：百万美元）

分　类	大型商用飞机项目	其他项目	总　计
纯民用	150	0	150
军民两用	36	0	36
总计	186	0	186

将基础研究与技术计划合同与重点计划合同的金额相加，我们得出1996—1997年NASA研发合同对美国大型商用飞机主要企业的最低财务收益总额计算为3.9亿美元(见表4.20)。

表4.20　1996—1997年NASA航空相关及研究与技术基础项目中大型商用飞机项目合同均值

(单位：百万美元)

分　类	大型商用飞机项目	其他项目	总　计
纯民用	343	0	343
军民两用	47	0	47
总计	390	0	390

表4.18～表4.20给出的数值不包括研究和项目管理以及设施建设的支出(参见NASA的总体预算结构)。将上述不同类别的相关金额累加，我们可以计算出1996—1997年大型商用飞机主要企业获得合同的总平均值为4.33亿美元(研究和项目管理的数据参见表4.7)。

4.8　补贴的性质：NASA研发成果的应用

在本书之前的内容中，我们分析了NASA对美国大型商用飞机产业的资助规模。现在，我们需要定义这些资金支持给产业带来的具体收益，并把我们的定义和之前计算得出的数据相结合。在前文中，我们概述了NASA的历史，该机构的使命，以及近期的美国航空产业政策。这样做的目的是将NASA的研发政策与其他航空研发政策在更广泛的层面联系起来。我们认为，NASA 开展与航空相关活动的主要目的是为美国大型商用飞机制造业提供中长期研究与技术支持，以增强大型商用飞机产业中美国企业的科学和技术基础能力。从本质上讲，用于研发的公共资金是为了帮助美国企业获得必要的知识能力，并以此增强美国的竞争力。关于补贴问题，我们需要注意的另一方面是 NASA 利用政府出资开发的技术可被反复应用于不同大型商用飞机的研发项目上。

事实上，对于 NASA 与美国政府资金所扮演角色的判断在我们所研究的众多美国官方报告中都有体现。《NASA/DoD 航空航天知识扩散研究》一书中指出：

> 总的来说，由联邦机构执行和赞助的研发成果对夯实美国航空知识基础作出了最大的贡献……在航空和空间技术的广泛范围内，NASA 开展和资助相关研究，其中包括空气动力学、声学、气动力弹性学、航空电子、计算流体动力学（computational fluid dynamics, CFD）、控制、材料和结构、推进器和推进系统集成以及飞行管理。在航空方面，美国公共政策旨在维护美国航空航天产业现在和未来的竞争优势地位（Barclay and Pinelli, 1997: 917）。

为了支撑上述引文中的观点，我们在表 4.21 中展示了美国制造的飞机中采用 NACA/NASA 所开发的不同技术。有趣的是，波音公司的两款先进飞机产品波音 747 和波音 777 都从 NASA 开发的技术中获益。如果我们进一步回溯波音 707 通过 KC-135 项目所获得的大量政府资助，那么我们可以更加确信波音公司的民用飞机部门从与政府机构的合作中受益匪浅。

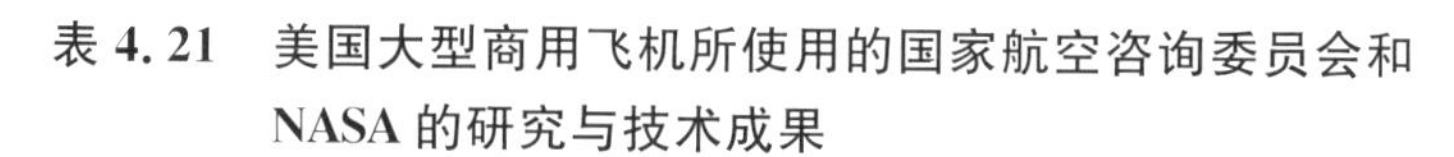

表 4.21　美国大型商用飞机所使用的国家航空咨询委员会和 NASA 的研究与技术成果

机　　型	所使用的研究与技术成果
福特三发飞机	国家航空咨询委员会所研究的用来改善气流特性的机翼轮廓和整流罩
道格拉斯 DC-3	国家航空咨询委员会所研究的低阻力发动机整流罩
洛克希德星座	国家航空咨询委员会所研究的降阻实验结果和低阻力发动机整流罩
波音 747	NASA 在高涵道比涡轮风扇发动机、低阻力发动机短舱、后掠翼、翼型、降低噪声、跨声速空气动力学和结构方面的研究成果
麦道 MD-11	翼梢小翼、超临界翼型、数字化控制、大量发动机设计改进高升力系统、跨声速及结构特性
波音 777	数字化飞行控制、玻璃驾驶舱、降噪发动机短舱、空气动力学设计规范、飞行管理系统、环氧树脂结构及跨声速超临界翼型

资料来源：《NASA/DoD 航空航天知识扩散研究》(Pinelli et al.，1997：37)。

4.9　NASA 对美国大型商用飞机产业的补贴和研发合同

美国大型商用飞机产业的工程师在完成 NASA 合同中的相关工作后，将许多技术应用到美国大型商用飞机研发项目中。我们必须认识到这种行为并非商业合同的正常形式。通常，合同是用商品或服务交换货币，但 NASA 的研发合同却将履约产生的知识和技术转移给了执行研究的企业。在我们看来，NASA 明显向制造商输送了经济利益。

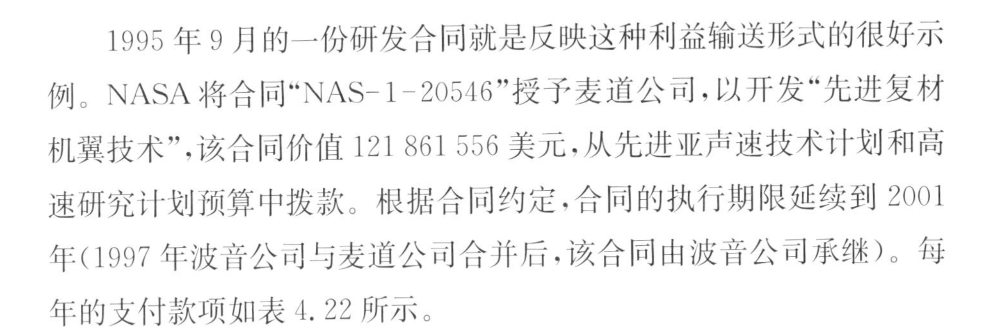

1995 年 9 月的一份研发合同就是反映这种利益输送形式的很好示例。NASA 将合同“NAS-1-20546”授予麦道公司，以开发“先进复材机翼技术”，该合同价值 121 861 556 美元，从先进亚声速技术计划和高速研究计划预算中拨款。根据合同约定，合同的执行期限延续到 2001 年(1997 年波音公司与麦道公司合并后，该合同由波音公司承继)。每年的支付款项如表 4.22 所示。

表 4.22　NASA 复合材料机翼合同年度经费

(单位：千美元)

年份	1995	1996	1997	1998	1999	总计
金额	508	13 507	21 204	22 600	16 558	74 337

资料来源：美国联邦总务署。

至 1999 年，波音公司、麦道公司已因该合同的工作获利超过 7 400 万美元。为了执行合同，位于加州长滩的波音-麦道幻影工厂制造出了一个 40 英尺长的机翼。1999 年 9 月，该机翼被运到 NASA 的兰利基地进行测试，此外，美国航空公司(American Airlines, AA)的机械师还对其进行了可维护性分析。

正如我们在本书第 1 章中所提到的那样，复合材料是制造轻量化飞机结构的关键。然而，复合材料的高制造成本阻碍了其在民用飞机上的应用。波音公司生产的机翼按照合同的规定将机翼重量减轻了 25%～30%，装有该机翼的飞机的潜在直接运营成本(direct operating cost, DOC)因此节省了 4%～10%。在实际应用方面，新机翼可以安装在现役机型或波音公司正在开发的新机型上。

这一技术研发合同的情况并非特例。通过查看其他 NASA 的合同细节，可以肯定的是，自 1989 年以来几乎所有 NASA 的巨额研发合

同都被授予了美国大型商用飞机制造主体。举例如下：

（1）1994 年高速研究计划机体技术研发合同：波音公司 4.4 亿美元。

（2）1995 年先进复材机翼技术研发合同：麦道公司 1.24 亿美元。

（3）1997 年先进复材技术研发合同：波音公司 1.3 亿美元。

此外，将研发合同授予主制造商的主要供应商，对于美国大型商用飞机产业的发展也大有好处。非主制造商制造的系统与部件是现代大型商用飞机的关键部分，占飞机总价值的 50%以上。许多大合同被授予了美国大型商用飞机供应链上的企业，如霍尼韦尔、汉胜公司和陶氏化学。其他合同则被授予了一些企业联合体，波音公司通常是这些联合体的成员。可以说，几乎所有分配给 NASA 与民用飞机产业相关的研究与技术项目，并且通过技术研发合同流入美国企业的资金都是对美国大型商用飞机产业的一种财政补贴。

人们通常认为 NASA 的研究成果都会在公开的平台上发布，因此对于某些特定的美国企业并无多大帮助。但是包括那些美国大型商用飞机主制造商工程师并未参与研究的项目成果在内，基础研究与技术计划的研究成果在公开之前，会通过 NASA 技术报告、NASA 赞助的研讨会和座谈会的形式与美国飞机制造企业分享。这些研究工作只能在由政府出资建设的科研设施中进行，而私有企业或大学没有能力建造这些设施（National Academy of Sciences，1995：17）。NASA 艾姆斯研究中心的数字航空模拟（numerical aeronautical simulation，NAS）设施就是其中的典型，美国工程师可以在那里使用世界上最强大的超级计算机进行研究（COTA，1991：70）。需要注意的是，NASA 严格限制其设施的使用范围，只有美国企业才能使用这些科研设施。NASA 艾姆斯研究中心还非常密切地监控大学用户使用设施的情况，以防止外国学生获得美国技术（COTA，1991：74）。此外，重要研究成果的扩散可以由 NASA 依照早期国内扩散规则(for early domestic distribution, FEDD)进行管控。早期国内扩散规则规定,NASA 最迟可以在获取研究结果的三年后向国外发布。而加盖早期国内扩散规则标识的技术报告则可通过简报和演示文稿提供给美国本土企业。与早期国内扩散规则程序类似,另一种限制知识向外扩散的法律手段是限制专有数据(limited exclusive rights data, LERD)规则。这项法律是专门为高速研究计划和先进亚声速技术计划制定的。限制专有数据规则为这些项目的信息交换提供了法律基础,同时又确保敏感技术“不受外国利益的影响”[①]。

由此我们明确了 NASA 向美国企业转移知识和技术的路径。事实上,航空重点计划产出成果的分配方式是很简单的。正如《NASA/DoD 航空航天知识扩散研究》中指出的那样,重点计划研究成果的扩散仅限于“圈内的朋友”(Pinelli et al., 1997: 45)。

4.10 本章小结

NASA 以多种方式补贴美国大型商用飞机产业。该机构的所有关于航空的支出都旨在确保美国航空产业在竞争中的优势地位,尤其是其中的大型商用飞机产业。NASA 的资金以政府主导的研究任务为载体不断注入大型商用飞机产业,并帮助美国主制造商在国际市场中保持竞争优势。在我们看来,这一结论不存在争议。公开文件、NASA 的官方声明,以及《NASA/DoD 航空航天知识扩散研究》把 NASA 在这方面的历史使命非常清晰地传递了出来。

① Intellectual Property Protocol of Limited Exclusive Rights and Project Sensitive Data, NASA Glenn Research Center, Procedure 22, 1999(4).

NASA 对大型商用飞机补贴的主要渠道是该机构与航空航天整个产业，尤其是大型商用飞机产业合作完成的研发合同。通过参与这些研发合同中的科研项目，科学家和工程师将技术成果转移到私有企业，并应用于美国大型商用飞机的研发。简而言之，公共资金将知识从 NASA 转移到了美国私有企业。这种行为在美国社会中也颇具争议，但是 NASA 的内部文件说明了它对美国大型商用飞机研制和开发作出的巨大贡献。正如 NASA 兰利研究中心工作人员报告的那样：

1996 年 5 月，为了对 NASA 在波音 777 项目中所做的贡献表示敬意，第一架波音 777 被停放在兰利研究中心。兰利研究中心开发的几项创新技术对该飞机的研发起到了重要作用（NASA, Spin-Off 97：54）。

上文引用的波音 777 项目是一个典型案例。私有企业通过公共资金支持的研发项目获得了竞争优势，而这就是美国大型商用飞机产业公私合作的运行机制。《NASA/DoD 航空航天知识扩散研究》中指出：

很多技术上的进步，包括数字飞行控制、玻璃驾驶舱、减噪的发动机短舱、飞行管理系统、石墨环氧树脂结构和跨声速超临界翼型，都是 NASA 主导的、由公共资金支持的基础研究与技术计划的产物（Kay, Pinelli and Barclay, 1997：86）。

研究还指出：

在许多方面，波音 777 也代表了公共政策的成功。美国的飞机产业，尤其是大型商用飞机产业的发展，是政府、全行业和学术界紧密合作的成果(1997：86)。

美国的政策制定者们经常否认公私合作机制对美国大型商用飞机产业的重要性。正如商务部一位官员在1997年指出的那样，美国政府不为民用飞机的开发和生产提供补贴，这就是事实。我们不这样做(埃利斯·莫特接受美国航空航天学会采访，1997年3月)。

在许多官方声明中，美国贸易官员强调美国大型商用飞机产业的独立性和自由市场地位。但关于是否存在补贴这个基本问题，不如留给波音公司的一位高级管理人员来回答。1996年，波音公司工程副总裁罗伯特·施皮策(Robert Spitze)在NASA兰利研究中心的一次演讲中强调了他所在行业的公私合作关系：

> 兰利研究中心是航空产业合作的发源地……你们与其他政府科研中心和学术界的合作一直在为我们这个行业指明前进的方向。航空产业取得的空前成功体现出你们之间合作的必要性。每一架美国制造的飞机都见证了你们合作的成功(Golich and Pinelli，1997：36)。

对于美国大型商用飞机产业公共资金在支持研发方面所起的作用，我想我们也无须多加赘述。

第 5 章 DoD 对美国大型商用飞机产业的补贴

DoD的大规模投资对商用航空航天领域产生了显著的“附加影响”，其结果是促进了主要的商用产业的快速发展(喷气式飞机、计算机、通信卫星等)……重视研发不仅为DoD带来了红利，也为美国经济带来了整体收益(Gansler, 1990: 308)。

美国政府影响商用飞机产业竞争力的最大单一政策手段便是军用飞机采购和为相关研发提供资金。在以军用领域发展促进民用领域发展的几种途径中，技术融合是最为重要的(COTA, 1991: 30)。

5.1 DoD研发相关政策

NASA对研究工作的通用术语是研究与技术。然而，在DoD，过程则更加复杂。作为美国航空航天产业的用户，DoD深度参与了产品零部件、系统和平台的测试和评估。因此，DoD对其研发活动的总称是研究、开发、测试和评估，本章也将继续使用这一术语。回顾历史，考虑到用国防预算开发的技术和系统平台都已经为民用飞机所用，因此我们有理由认定DoD通过参与技术开发和测试使美国大型商用飞机产业从军民协同效应中获得了较大收益。正如经济学家莫厄里和罗森伯格所指出的那样：将政府出资主导的军用项目产出的技术成果商业化是商用飞机技术发展史的主旋律。

DoD实施并资助了多个研究、开发、测试和评估项目，这些计划由美国国防部高级研究计划局（Defense Advanced Research Projects Agency，DARPA）集中执行，或是在部队（空军、陆军、海军）层面执行。

表5.1对比了DoD的研发资金规模以及其他部门的研发资金。当然这些资金并非完全用于航空航天技术的开发，而是整个联邦政府研发预算。但不容忽视的是DoD每年研究、开发、测试和评估预算金额高达350亿美元，而其中大约70亿美元用于飞机的研究、开发、测试和评估（1996年航空航天总统报告）。

表5.1　研发费用（按机构划分）

（单位：百万美元）

美国政府部门	1995财年	1996财年	1997财年
国防部	35 350	35 428	35 523
卫生与公众服务部	11 519	12 118	12 621
国家航空航天局	9 390	9 334	9 359
能源部	6 481	6 689	6 269
国家科学基金会	2 431	2 430	2 516
农业部	1 542	1 479	1 499
商务部	1 164	1 086	1 260
内政部	668	622	582
交通部	667	622	679
环境保护署	554	508	585
其他部门	1 315	1 134	1 786
总计	71 081	71 450	72 679

资料来源：美国国会授权预算。

在 DoD 主导的诸多研发项目中，有些项目仅适用于军用领域。然而其他例如制造技术、航空电子设备和机体研发等研究项目都具有军民两用的潜力，因此实施这类项目能够从中得到后续可以转化到商业领域的技术成果。在后续对于大型商用飞机相关研发费用的评估中，我们谨慎地排除了仅适用于军事领域的技术。然而，与上文中对 NASA 的分析不同，我们无法通过研究 DoD 合同的细节来构建“自下而上”的分析模型以研究 DoD 对大型商用飞机产业的补贴情况。一方面的原因是部分合同涉及绝密项目，而另一方面的原因则是 DoD 的研发合同数量过于庞大。对 70 000 份国防合同逐一进行研究是不现实的。因此我们设计了另一套方案，主要是计算出研究、开发、测试和评估项目成果转化为民用技术的潜力，并且辅以具体的案例对此加以分析。本章随后展示的波音公司在制造 B-2 隐形轰炸机复合材料机翼中所发挥的作用，便是这种转化的一个很好的例子。另外几个案例也将在后文中进行讨论。

5.2 DoD 研发项目的历史维度

在 20 世纪的大部分时间里，军事研发在推动技术变革方面发挥着重要作用，同时又通过技术转移的形式帮助相关产品在商用以及军用市场获得更大的竞争优势。从历史上看，美国的军事技术研发对其军事能力的发展至关重要。除此之外，通过向商用领域转移技术，DoD 的研发项目提升了美国大型商用飞机产业的产能和全球竞争优势。目前的主流经济学分析明显低估了军方资助的技术转移的作用，尚未充分认识到技术转移在各个领域所起到的巨大作用。正如大卫·诺布尔(David Noble)所说：

> 我想指出，这种关于军方在技术发展中作用的传统观点有两方面的问题。首先，从新古典经济学家的角度来看，军事科技并不存在所谓的“外部性”。但是自工业革命开始以来，它就一直占据美国工业发展的核心地位……其次，军方对技术的影响不是暂时性的，并不是技术进入民用经济领域时，这种影响就消除了。这种影响体现在技术本身的形式以及相互间组合和使用的方式上(Noble，1987：330)。

在航空航天产业中，发生了大量军用与民用研发和技术要求的协同，有效提高了美国在全球市场的工业竞争优势。

第一次世界大战之前，政府的国防支出预算为无线电、航空以及制导和控制系统的开发提供了资金。陆军和海军为自导空中鱼雷原型机和导弹的开发提供了支持。1918 年之后，军费作为技术进步背后的驱动力保持着高速增长。尤其是“为大规模生产各种军用武器而高速发展并达到顶峰的军用设施建设项目，也影响了重大的技术变革”(Hughes，1994：426)。第二次世界大战期间对国防科技的巨大需求，很大程度上刺激了战后的军事科技大发展。

“战时研发的三大系统性国防科技在随后几十年中扩散到世界各地”(Hughes，1994：427)。这三大关键技术是计算机、核能和航空航天。第二次世界大战结束后的 20 年间，美国军方从战时位于麻省理工学院的实验室直接获得了许多科技成果，其中就包括了 SAGE——一种用来保护美国免受苏联导弹袭击的数字计算机和雷达系统。

正如休斯所评论的那样：由杰伊·福里斯特(Jay Forrester)和他在麻省理工学院的同事为 SAGE 开发的 Whirlwind 数字计算机是一种开创性的设备，它为交互式可存储数字计算机在军用和商用领域的发展打开了大门(Hughes，1994：427)。此外，IBM 利用参与 Whirlwind

项目所取得的经验开发了其大部分商用计算机硬件。1968—1972年间，DoD负责美国国家计算机网络的开发和部署，而这一网络系统成为后续发展互联网的基础(Smith, 1987: 8)。

5.3 航空航天产业政策和美国大型商用飞机产业

由于美国坚持自由主义的市场原则，人们通常会认为美国政府不会像欧洲或日本那样制定有针对性的产业政策，然而，DoD的军事采购及研发合同在事实上构成了一种针对性的产业政策，而这也是美国经济的特点之一。正如美国前总统经济顾问劳拉·泰森所说，历史表明，对于航空产业，美国制定了一套临时的、无意的，然而却有效的产业政策(Tyson, 1992: 169)。

1945年之后，由于美国政府对军用与民用高性能飞机技术研发进行了空前绝后的投入，于战时起步的美国飞机及航空发动机产业，在战后得以进一步大规模扩张。这一程度的政府支持无疑为美国制造商在蓬勃发展的全球商用飞机市场中取得了竞争优势，全世界的航空公司若希望保持其在运输市场的竞争力，就不得不购买波音707和波音747等飞机。同样，在军用飞机市场，美国凭借F-4、F-5、F-15、F-16、F-104、F-III等高性能飞机，以及包括C-5A和C-130在内的重型运输机也保持着主导地位。

民用产品的开发具有长周期和高风险的特点，因此国防合同提供的稳定资金流就显得尤为重要(Thornton, 1995: 27)。此外，美国政府历来就是航空航天研发资金的主要来源，正是这种长期的支持使得美国航空航天企业成为世界级先进企业。

尤其值得注意的是军用/民用技术协同效应，美国航空航天企业通过这种效应获取了大量利益。这种效应发挥作用的方式是：将军用技术整系统地转化为民用技术，从而降低民用技术使用者的成本和风险。最直观的案例是波音707飞机项目，这个项目的成功一举奠定了波音公司在民机市场的主导地位。哈迪（Hardy）指出，波音公司获得了以下优势：

> 如果没有KC-135A，那么波音707几乎不可能被开发出来，因为它的单机成本太高了，尤其是在没有利用KC-135的工装和夹具的情况下……直到1963年，当1 000多架波音707、波音720和KC-135/C-135系列售出后，波音公司才终于跨过了其喷气运输机项目的盈亏平衡点（Hardy，1982：66）。

哈迪对波音707飞机项目中军方投入资金数额的评估可能较为保守。根据马奇（March）在麻省理工学院研讨会上所做的分析，美国政府支付了20亿美元用于总体研发和生产，而波音公司仅贡献了1.8亿美元。马奇的研究结果也得到了莫厄里、罗森伯格、雷（Rae）等人的研究佐证。所得到的结论类似，即波音在该项目中的资金投入占比很小（March，1989；Mowery and Rosenberg，1982；Rae，1968）。

在很多情况下，专为商用而设计的产品和技术也已经能够实现"螺旋上升"，即：由于获得了大量军事采购合同，企业得以提高和延长生产的运转，因此降低商业成本并增强了竞争力。企业由此获得的商业利益通常是通过材料中的子系统以及制造工艺流程的升级实现的，使得企业从军方资助的研究与开发中获得的收益变得更加多元。

通过参与美国军方主导的、规模宏大的军用航空航天研发过程，美国飞机制造商能够以三种具体方式将军用技术转移到民用领域。

（1）飞机型号之间的技术转移。在这种情况下，美国政府允许参与开发新军机项目的公司将项目中新发现的专业知识（或许还有飞机设计本身）用于商业目的。这种直接技术转移的例子包括波音707（来自KC-135）和波音747（来自C-5A）。在波音747项目中，当波音公司败给洛克希德失去C-5A的研发合同后，负责为美国空军最初的运输机项目制定项目建议的设计团队就直接转入了波音747项目（Newhouse，1982：113）。近期的一个类似案例是C-17，它现在以MD-17的形式存在于民用货机市场。

（2）部件之间的技术转移。美国商用飞机制造商受益于军用和民用领域通用的零部件，特别是航空发动机。美国大部分的航空发动机最初都是为军用喷气机设计和开发的。

（3）零组件之间的技术转移。“可转换的小组件”有时也很重要，尤其是其中涉及空气动力学、航空电子设备和特定系统（例如导航）的组件。

随着DoD主导的军民两用政策不断演化，这类技术转移是被积极鼓励的。美国的军民两用政策旨在提升DoD研发支出的效用，并提供尖端、高质量的军用飞机。该政策的目标非常明确，即增强美国在商用飞机市场的技术优势。事实上，必须承认：这些军民两用技术对民用技术有着重要的附加经济效益（Millburn，1989），并且我们发现军民两用技术可以十分完美地向商用领域进行技术转化（Fields，1990），毫无疑问，美国商用飞机产业与DoD资助的军用飞机产业处于一种高度互利的共生状态。

美国军用和民用飞机开发之间的这种共生关系对于推动和维持其在技术方面的领先优势至关重要。例如，在航空电子设备中，包括数据和信号处理器、数据总线、操作系统等软件以及红外和毫米波成像仪等传感器在内，军用技术持续被应用于民用飞机的设计和生产。

近年来最具战略价值和商用潜力的技术是美国NAVSTAR GPS

的卫星技术。该技术最初由DoD于20世纪80年代开发，旨在通过终端制导提高战略导弹的准确性。而GPS的商业影响力被认为"随着该技术在民用领域的快速发展，其潜力超出美国军方的任何设想"。

政府通过直接和间接的方式参与航空航天产业的发展向我们展现了政府的干预行为是如何强有力地刺激业务增长、技术进步并获取全球竞争优势的。在美国，主要由DoD高级研究计划局实施的DoD研发计划，经常引导产出的军事技术成果转移到民用航空航天领域。

从美国的军用航空航天发展中受益的民用航空航天项目的案例不胜枚举。例如，由于参与军用项目，波音公司在大型复合材料结构的设计方面得到了很大帮助，其中最为知名的案例是其作为诺斯罗普·格鲁曼公司的分包商参与B-2"幽灵"轰炸机项目。在B-2开发项目中，波音公司负责将最新的先进复合材料技术用于B-2的外侧及后中心部位。波音公司参与B-2研发工作对后续复合材料技术在商用飞机上的应用至关重要。在B-2项目的实施过程中，波音公司装配了有史以来最大的复合材料部件。波音公司B-2项目经理戴尔·谢尔霍姆(Dale Shelhom)在《航空周刊和空间技术》的一篇文章中解释了这一成果所包含的潜在商业利益：

> 复合材料是下一代飞机材料，B-2项目极大地推动了复合材料制造工艺的发展……我们在飞机技术方面取得了一些非常重要的进步，而这些技术进步可被应用于商用飞机(Interview in *Aviation Week and Space Technology*，1990年9月17日：59－62)。

在航空电子设备方面，人们很早就认识到军民协同的协同效应是切实存在的。美国国家研究委员会的一份报告指出，航电设备供应链中的企业经常将其民用与军用生产线加以整合。在同一份报告中，国家研究委员会还说明了美国工业体系为何能保证世界领先地位：

> 对于二级或三级供应商的产品来说，由于往往使用共同的设备工具和人员开展生产，军用和民用产品的通用性很高……民用运输设备中的许多电子/航电能力是军用飞机开发技术的副产品……在军用航电设备方面，美国仍处于世界领先地位；只要美国继续在民用和军用航电技术之间保持这种紧密的协同，其他国家就很难短期内在这项技术上超过美国（National Research Council，1985：100，116）。

针对航电设备创新，光传/电传操纵技术就源自军用项目，特别是1980年的西科斯基UH-60/黑鹰项目起到了决定性作用。通过NASA的先进亚声速技术计划，波音公司获得了光传操纵技术和麦道的电传元件。将这些技术转移到民用航空领域的目的是使美国商用飞机能够以全数字化的手段进行操控，而在当时空客公司在该技术领域是领先于美国企业的。

值得注意的是，与大部分欧洲航空航天企业不同，美国航空航天制造商通常同时参与军用和商用飞机的开发和生产，因而美国企业至少能够在组织内部进行技术的无缝转化。事实上，有些时候军用和商用业务之间的联系比我们想象的更为紧密。例如，美国国会技术评估办公室就曾断言：

> 在开展喷气式飞机研制的前20年，该公司（意指波音公司）由其军用业务的稳定利润维系运营，尤其是B-52和民兵导弹（COTA，1991：56）。

制造技术、机体研发项目和航电系统等领域的许多技术转移案例加强了这一观点的说服力。在特定的情境下，同一部门，甚至同一工程小组可以同时参与商用飞机（例如波音737、波音757和波音767）和军用飞机（例如黑鹰直升机和V-22鱼鹰倾转旋翼运输机）的开发工作。例如在航空航天供应商威曼-高登（Wyman-Gordon）公司的锻铸部门中，用于商用和军用飞机的合金铸件就由相同的员工、相同的制造工艺和相同的设备生产。

在20世纪80年代，DoD每年向制造技术优化项目提供1.5亿～2亿美元的资金，以推动先进技术和工艺的发展。1976—1990年，投入该计划的资金总计为20亿美元（Arnold and Porter，1991：21）。此外，1982—1992年，DoD还通过工业现代化和激励计划（industrial modernization and incentives program，IMIP）为航空航天产业的分包商提供支持。

5.4 冷战后DoD新的研发政策和计划

冷战结束后，美国的国防战略与战术要求发生了巨大变化，促使DoD在1993年彻底重构其军事采购政策。DoD开始向美国航空航天企业提供资金和补偿激励以鼓励相关企业进行合并，这一政策导向促成20世纪90年代近1 000亿美元的并购行为。因此，与欧洲竞争对手相比，美国企业现在是不折不扣的巨无霸。随着克林顿总统收购改革提案的通过，技术研究合同现在需要通过竞争获得，同时优先考虑那些致力于将其研究成果同时应用于商用和军用飞机的生产商们。这样做的目的是为促进军民两用技术的发展开辟一条新的路径，从而使DoD能够获得民用航空航天领域中的低成本且前沿的技术。尽管看上去政

策导向发生了改变，但是我们需要对其进行进一步解读。一些企业的管理层认为由于民用产业现在正积极地推动国防产业的发展，因此是民用产业对国防产业进行了补贴。但是这种观点显然忽视了军民两用的要义。当前，由于新的民用技术对美国的防务至关重要，实际上联邦政府正在以更直接的方式向民用技术领域提供支持。

冷战结束后的美国，大部分国防产业逐渐拆分为一系列以获取全球竞争力为首要目标的高科技产业（Scherpenberg，1997）。因此，加快、加大民用和国防技术的整合是当前航空航天产业最有希望获得商业成功的途径。白宫科技政策办公室在其颇具影响力的报告《国家航空研究与技术伙伴关系目标》中详细阐明了这一点：

> 必须利用军用和民用航空产品和服务之间重要的基础技术共性来提高我们的生产力以及研究技术开发活动效率。这需要政府和全行业的共同努力。我们应该积极寻求那些可以同时服务民用和军事需求的技术目标（OSTP，1995：4）。

新的总体系统集成工艺和新的集成生产技术同样使民用产品用户能够更好地获得防务领域的前沿研发成果，同时也向军用部门提供信息技术和微电子领域的突破性民用技术创新，以推动国防的信息化建设。

5.4.1 技术再投资计划

新的军民两用技术研发计划中的一个关键要素是技术再投资计划。截至1995年，该计划已向申请DoD军民两用技术应用专项资金资助的企业提供了8亿美元（NSC/OSTP，1995：35），政府的声明确认了民用领域可获得的收益：作为一项给予主要从事民用领域企业的额外收益，军民两用战略将使 DoD 能够持续投资于技术，从而为我们国家的商业表现和经济增长作出更多贡献(NSC/OSTP：19)。

技术再投资计划由美国国防部高级研究计划局和军队(空军、海军、陆军)以及美国其他五个机构——商务部(Department of Commerce, DoC)、能源部(Department of Energy, DoE)、交通部(Department of Transportation, DoT)、NSF 和 NASA 共同实施。

对于商用飞机产业，一个关键的技术再投资计划是飞机推进系统先进复合材料项目(advanced composites for propulsion program, ACPP)。该项目获得了 1.3 亿美元的公共资金，目标是将复合材料的生产成本降低 30%，以提高商用竞争力(美国参议院军事委员会采购和技术小组关于两用技术问题的听证会，第 104 届国会，第 1 次会议，1995)。

技术再投资计划旨在以更低的成本构建一套由先进技术组成的防御系统，同时夯实 DoD 所依赖的工业基础。1995 年，鉴于其产生的巨额商业收益，技术再投资计划引起了美国国会的关注。由于技术再投资计划框架下开发的技术似乎主要应用于商业领域，且很少转化为军事技术，国会认定国防资金正通过技术再投资计划获取商业利益。美国国防部高级研究计划局的声明强调了技术再投资计划的商业相关性：

> 由于美国积极的研发投资战略，特别是在国防领域，美国在世界飞机市场上享有主导地位。然而，这一优势正受到欧洲和亚洲的挑战。航空技术领域的技术再投资计划——一个典型的军民两用技术研发计划——将对发动机与推进技术、飞行传感器、飞机控制架构与设计等领域的发展起到积极作用，因而可以在带来可观的商业回报的同时加强美国的国防力量(DARPA, 1993)。

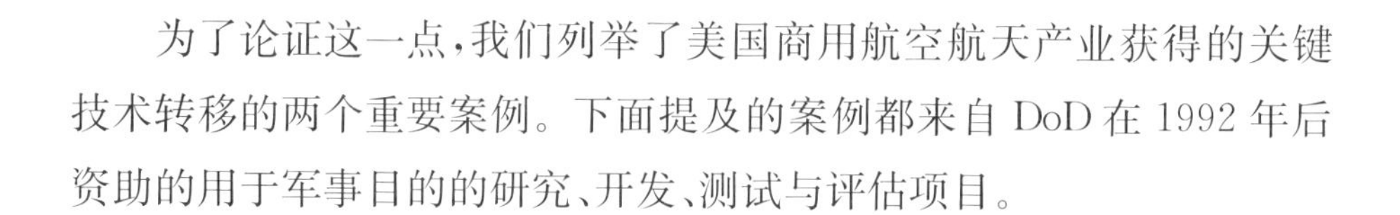

为了论证这一点，我们列举了美国商用航空航天产业获得的关键技术转移的两个重要案例。下面提及的案例都来自 DoD 在 1992 年后资助的用于军事目的的研究、开发、测试与评估项目。

5.4.2 光传操纵先进系统硬件

尽管光传操纵研究与技术计划是在 NASA 开展的，但是美国国防部高级研究计划局主导的光传操纵先进系统硬件（fly-by-light advanced systems hardware, FLASH）计划才是推动这一技术发展的主要资金来源。光传操纵先进系统硬件计划是一项总计投资 4 300 万美元、为期 24 个月的计划。它也是 1993 财年 4.64 亿美元技术再投资计划预算的主要组成部分。

光传操纵先进系统硬件计划的合同被授予了由麦道公司（现为波音公司）领导的团队，任务是开发使光传操纵控制技术可同时适用于军用和商用飞机的关键部件。麦道之所以被选中，是因为它 20 世纪 80 年代以来就参与了电传操纵技术的开发过程，并且在 AV-8B 次数有限的测试中首先中使用了光纤连接技术。同时麦道公司也是 NASA 光传/电传项目的参与者。

可以说即使没有光传操纵先进系统硬件计划，麦道也会致力于开发光传操纵技术，然而技术再投资计划的资金使得麦道将工作所需的时间缩短一半。根据与美国国防部高级研究计划局的合同内容，麦道及其合作伙伴，包括洛・马公司和霍尼韦尔公司，将拥有光传操纵先进系统硬件的知识产权（intellectual property rights, IPR）。

光传操纵先进系统硬件是技术再投资计划政策导向的典型示例。这一计划的目的并非开发一种军用技术随后再将其转化到商用飞机领域，例如光传操纵先进系统硬件，其项目表述就已包含了该技术的商业应用。

美国国防部高级研究计划局宣称，光传操纵先进系统硬件可能会减轻2 700千克的飞机重量，同时将飞机可靠性和可维护性提高10%，并还可以减少80%的电缆数量。光传操纵先进系统硬件填补了技术空白，使光传操纵成为可应用的军用和商业技术，同时又完善了NASA和其他DoD的光传操纵开发工作。光传操纵先进系统硬件采用整体系统设计的方法来开发实现光传操纵所需的所有技术。这种方法可以分解成如下三个程序任务：

(1) 任务1(光纤电缆设备)：光传操纵先进系统硬件开发并测试了一种符合未来飞机需求的、具有成本效益且可靠的光纤电缆设备。目前，能够生产合格且经过认证的连接器、电缆、接头、线束、背板和系统的供应商很少。因此，提升供应链能力和稳定性也是光传操纵先进系统硬件计划中的一部分。完成相关能力建设之后，实现光传操纵就有了行业资源的保证。

(2) 任务2[光传操纵(fly-by-light，FBL)飞行控制系统]：光传操纵先进系统硬件开发并测试光传操纵飞行控制系统的构建块，其中包括计算机、光学传感器和接口、基于光纤的执行器控制回路和数据总线。光传操纵先进系统硬件还研究了先进的、基于神经网络的控制方案，这些控制方案利用光纤来实现自适应控制算法和故障诊断系统。该任务将作为集成性任务，利用任务1和3中的部件为军用固定翼和旋翼飞机以及商业客机创建完整的光传操纵实验室演示系统。

(3) 任务3(作动)：光传操纵先进系统硬件开发并测试先进的作动技术，这些技术将被整合进光传操纵系统的概念中。这项任务涉及开发高功率(50 HP)电动制动器、光学伺服阀、光学位置传感器以及光学接口和闭环。

整个计划的实施路径就是让研究人员定义军用战斗机、直升机和运输机以及商用运输机和直升机的顶层要求。

波音公司已经使用位于帕图森特河的美国海军设施在MD-11飞

机上测试了光传操纵技术。

5.4.3 可负担生命周期成本的飞行器管理集成技术

可负担生命周期成本的飞行器管理集成技术(vehicle management system integration technology for affordable life cycle cost，VITAL)是"可负担先进控制技术计划"中的一部分。麦道(现为波音)在之前的竞标中获胜，获得了价值4 800万美元的可负担生命周期成本的飞行器管理集成技术的开发合同。麦道(现为波音)与其合作伙伴(在后文中会列出)共同开发了可负担飞行器管理系统(vehicle management system，VMS)所需的组件、接口、实践、软件和工具，通过开放的、"即插即用"的架构同时满足军用和商用飞机的要求(DARPA，1996)。

可负担生命周期成本的飞行器管理集成技术计划的目标是将这项技术整合应用于当前的机型上，以延长其使用寿命，并为下一代军用和商用飞机设定VMS标准。DoD计划为各类军民两用的技术开发通用性部件，希望由此降低飞行器管理系统的成本。可负担生命周期成本的飞行器管理集成技术计划最终将在军用和商用飞机的飞行测试中演示其实用性和效果。

可负担生命周期成本的飞行器管理集成技术计划的执行团队包括了军用和商用飞机供应链和产业链上的许多主要供应商。技术再投资计划中的所有科研项目成果的知识产权都属于项目团队。可负担生命周期成本的飞行器管理集成技术计划取得的技术成果已经转移到了商用飞机领域，其中就包括波音的气动弹性机翼项目。通过此项目，在波音领导下，包括洛·马公司控制系统和穆格(Moog)在内的团队正在研制一种改进型机翼，以整合更为先进的副翼和机翼控制系统。其最终目的是：在不对现有结构产生不良影响的前提下，将跨声速区域的滚转角速度性能提高到预计每秒300度，同时实现减阻和机动载荷控制

(Boeing，1996)。

在得到空军赖特实验室和 NASA 德莱顿研究中心的联合项目在 F/A-18 上的测试结果之后，波音消息人士表示，该项目将用于三个商用领域项目——MD-90-40X、高速民用飞机和未来薄翼飞机(Boeing，1997)。

在本章中，我们反复提到，评估美国对大型商用飞机产业的公共补贴必须考虑供应链上的企业。以下参与可负担生命周期成本的飞行器管理集成技术计划的企业列表佐证了我们的观点：

(1) 飞机刹车系统公司。

(2) 联信公司航空航天设备系统部门。

(3) BF 古德里奇公司。

(4) 霍尼韦尔公司航天航空控制系统部门。

(5) 李尔航太集团。

(6) 利顿公司制导和控制系统部门。

(7) 洛·马公司控制系统部门。

(8) 波音公司。

(9) 雷神公司。

(10) 联合技术公司。

5.4.4 小微企业创新研究计划

DoD 向美国军事和商业航空航天产业提供支持的另一种渠道是 DoD 小微企业创新研究计划(small business innovative research program，SBIR)以及小微企业技术转移计划(small business technology transfer research program，STTR)。自 1995 年以来，两项计划通过快速流程向小微企业提供了大量的外部资金(其中也包括来自私人投资者的资金)，积极鼓励小微企业迅速将其创新技术进行商业化。在这一框架下，投资者每投入1美元，DoD最多投入4美元的资金与之进行匹配。小微企业创新研究计划和小微企业技术转移计划等计划涉及数百家小微企业，并向美国航空航天产业及其供应链注入了数亿美元。

5.4.5 先进技术计划

商务部主导的先进技术计划是DoD对美国航空航天研发支持的有力补充。在该计划框架下，全行业和政府将平均分担项目研发成本，并鼓励小型企业同大企业建立合资企业以开发新技术。波音公司就从先进技术计划中获得了超过5 000万美元。

5.4.6 合作研发协议

合作研发协议(co-operative research and development agreement，CRADA)项目为美国工业提供了不同类型的支持，为航空航天制造商带来了明显收益。合作研发协议体现了私有企业和政府机构之间的合作伙伴关系，通过向私有商业部门转移技术来研究并开发特定产品。在过去几年授予的合作研发协议中，有几个为美国航空航天产业提供了有价值的技术，包括与电子束加工相关的项目(合作方包括洛克希德·马丁公司、波音公司和诺斯罗普·格鲁曼公司)、飞机部件增强合金(包括波音公司)，以及用于并行计算机应用的软件开发(包括休斯公司、奥林宇航公司和波音公司，波音公司在高速研究计划中使用这些超级计算机)。

5.4.7 并购补偿

由于克林顿政府努力推进美国国防工业基础的快速、彻底的整合及合理化布局，政府向商用飞机产业提供间接支持也成为可能。为了鼓励并购行为，企业可以在莫里斯信托的框架下进行合并，以消除并购过程中的税收负担。例如,洛·马公司在1997—1999年间节省了超过60亿美元,预计之后每年将节省26亿美元的开支(Acquisition and Technology Subcommittee of the Senate Armed Services Committee, 1997)。

同时,我们也要注意到DoD关于支付企业重组成本的规则在20世纪90年代发生了变化。过去,一家承包商以内部重组的方式开展重组流程,DoD总是会分担企业重组的部分成本。但是,如果采购合同因业务并购而从一家企业转移到另一家企业,DoD则不会支付这部分成本。然而,从1993年7月起,重组成本已从因合并和收购而易手的合同中扣除(DoD, 1993)。

5.5 本章小结

值得注意的是,诸如技术再投资计划之类的计划仅代表美国政府对美国国防和商用航空航天产业研发支持计划中正式公开的部分。然而,由于相关各方经过重组后已经高度融合,美国商用航空航天产业从军方资助的研发工作的成果中受益的渠道还有很多。本书中的分析仅仅针对了那些影响力较大的、已经实施的计划。

5.5.1 量化DoD对大型商用飞机产业的支持

在前文中,我们对与美国大型商用飞机产业相关的DoD研发计划进行了定性分析。现在,我们将对DoD对美国大型商用飞机产业的财政支持金额进行定量分析。由于现有DoD合同的数量(70 000份)过大,我们无法单独研究每份合同,因此适用于NASA(即“自上而下”和“自下而上”的融合模型)的评估方法无法应用于我们对DoD

的分析。在此，我们以“自上而下”模型作为替代，其概况在图5.1中进行描绘，数据则以通过国会审议的DoD预算数据为基础进行计算（见表5.2）。

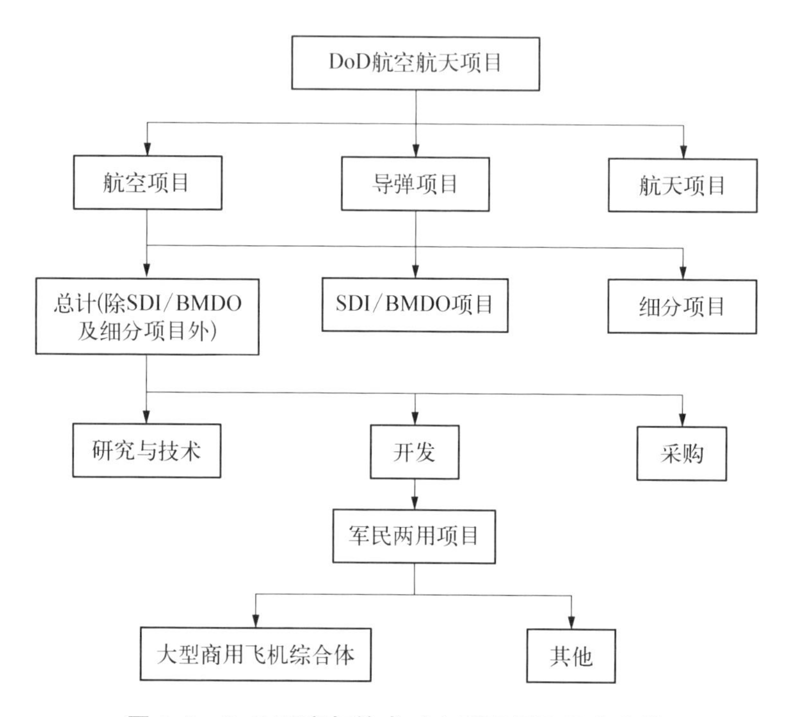

图5.1 DoD研究与技术对大型商用飞机产业的合同支持资金流向示意图

表5.2 DoD合同划分预测(按用途划分)

分类	占DoD年度总合同量的平均值	
	研究、开发、测试与评估	采购(供应)
	占比/%	占比/%
DoD内部	17%	0%
美国航空航天产业	76%	97%

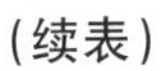

（续表）

分类	占 DoD 年度总合同量的平均值	
	研究、开发、测试与评估	采购(供应)
	占比/%	占比/%
其他	7%	3%
总计	100%	100%

分类	1996 财年合同总值			
	研究、开发、测试与评估		采购(供应)	
	总值/百万美元	占比/%	总值/百万美元	占比/%
波音公司总计	1 030	9%	1 346	5%
麦道公司总计	1 381	12%	7 926	31%
大型商用飞机综合体总计	2 411	21%	9 272	36%
其他美国航空航天产业企业	9 057	79%	16 720	64%
美国航空航天产业总计	11 468	100%	25 992	100%

这一模型需要建立在两个假设之上。首先，我们认为，与美国大型商用飞机相关、具有军民两用潜力的技术研发项目仅存在于 DoD 的飞机项目中，而不存在于其导弹和太空计划中。其次，我们通过详细分析，也排除了星球大战计划(strategic defense initiative, SDI)和弹道导弹防御办公室(Ballistic Missile Defense Office, BMDO)项目(见图 5.1)。这里有如下两个问题是相关的：

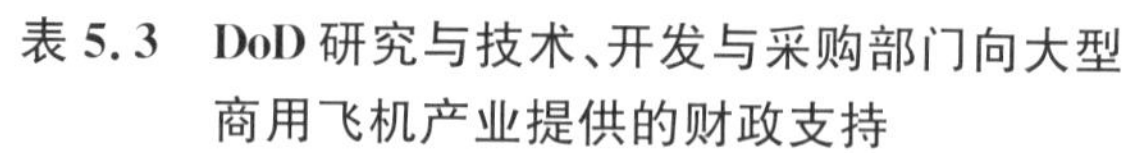

表 5.3 DoD 研究与技术、开发与采购部门向大型商用飞机产业提供的财政支持

（单位：百万美元）

项目	研究与技术合同		开发合同		采购合同(独立研发资金及投标和建议书资金)		总　计	
年份	最低支出	最高支出	最低支出	最高支出	最低支出	最高支出	最低支出	最高支出
1992	219	260	219	260	126	126	564	646
1993	253	294	257	297	80	80	590	671
1994	236	279	154	197	70	70	460	546
1995	277	319	213	255	66	66	556	640
1996	272	318	263	309	58	58	593	686
1997	279	325	255	301	60	60	594	686

（1）关于 SDI/BMDO 项目，虽然先进材料研发项目的成果可能转化为民用技术，但很难准确跟踪与民用飞机有关的研发活动。

（2）尽管保密项目肯定在一定程度上与大型商用飞机相关，但由于这些合同的性质，无法以足够的精确度提炼更多合同细节。

其余与飞机相关的 DoD 活动被进一步地细分为研究与技术、开发和采购（见图 5.1）。

对于每个研究与技术项目、技术开发和采购合同，我们邀请来自欧洲航空航天产业界、大学和欧洲航空航天研究机构的专家们分析每个项目的信息，评估其军民两用的可行性，并将这些信息以纯民用、纯军用或军民两用进行分类，具体参见附录 B 中列出的参考资料。

以上这些假设构成了分析DoD与航空航天相关支出的“自上而下”的模型。DoD各项预计支出计算结果如表5.4～表5.11所示。

表5.4 DoD航空航天项目总支出

（单位：百万美元）

项目	航空项目		导弹项目		航天项目		总计	
年份	最低支出	最高支出	最低支出	最高支出	最低支出	最高支出	最低支出	最高支出
1992	34 356	36 563	18 466	20 962	11 143	13 541	63 965	71 066
1993	32 453	33 872	16 965	18 713	12 384	14 056	61 802	66 641
1994	29 260	29 684	13 563	14 344	11 790	12 571	54 613	56 599
1995	27 440	27 909	13 355	14 211	11 705	12 561	52 500	54 681
1996	25 724	26 530	12 704	14 089	13 120	14 506	51 548	55 125
1997	25 877	26 711	12 033	13 445	13 024	14 436	50 934	54 592

表5.5 DoD航空项目总支出

（单位：百万美元）

项目	总计(除SDI/BMDO及细分项目外)		SDI/BMDO项目		细分项目		总计	
年份	最低支出	最高支出	最低支出	最高支出	最低支出	最高支出	最低支出	最高支出
1992	32 475	35 213	0	0	81	1 350	34 356	36 563
1993	32 353	32 582	0	0	100	1 289	32 453	33 872

（续表）

项目	总计(除SDI/BMDO及细分项目外)		SDI/BMDO项目		细分项目		总计	
年份	最低支出	最高支出	最低支出	最高支出	最低支出	最高支出	最低支出	最高支出
1994	29 164	29 292	0	0	96	392	29 260	29 684
1995	27 345	27 814	0	0	95	95	27 440	27 909
1996	25 724	26 530	0	0	0	0	25 724	26 530
1997	25 877	26 711	0	0	0	0	25 877	26 711

表 5.6　DoD 航空项目总支出(除 SDI/BMDO 及细分项目外)

（单位：百万美元）

项目	研究与技术		开发		采购		总计	
年份	最低支出	最高支出	最低支出	最高支出	最低支出	最高支出	最低支出	最高支出
1992	3 617	5 137	5 932	6 615	24 094	24 094	33 643	35 846
1993	3 454	4 515	6 693	7 659	21 307	21 307	31 454	33 481
1994	3 309	4 001	6 562	7 382	18 601	18 601	28 472	29 984
1995	3 749	4 790	6 978	7 778	15 932	15 932	26 659	28 500
1996	3 807	5 292	7 047	7 927	14 091	14 091	24 945	27 310
1997	3 831	5 348	6 923	7 783	14 352	14 352	25 106	27 483

表 5.7 DoD 航空研究与技术支出(包括独立研发资金及投标和建议书资金,除 SDI/BMDO 及细分项目外)

(单位:百万美元)

项目	纯民用		纯军用		军民两用		总计	
年份	最低支出	最高支出	最低支出	最高支出	最低支出	最高支出	最低支出	最高支出
1992	0	0	1 885	3 150	1 732	1 987	3 617	5 137
1993	0	0	1 638	2 444	1 816	2 071	3 454	4 515
1994	0	0	1 634	2 055	1 676	1 946	3 310	4 001
1995	0	0	1 824	2 602	1 925	2 187	3 749	4 789
1996	0	0	1 933	3 131	1 874	2 161	3 807	5 292
1997	0	0	1 911	3 140	1 919	2 208	3 830	5 348

表 5.8 DoD 航空研发部分支出(除 SDI/BMDO 及细分项目外)

(单位:百万美元)

项目	纯民用		纯军用		军民两用		总计	
年份	最低支出	最高支出	最低支出	最高支出	最低支出	最高支出	最低支出	最高支出
1992	0	0	4 561	4 988	1 372	1 627	5 933	6 615
1993	0	0	5 085	5 796	1 609	1 863	6 694	7 659
1994	0	0	5 600	6 150	962	1 233	6 562	7 382
1995	0	0	5 645	6 182	1 333	1 596	6 978	7 778
1996	0	0	5 396	5 990	1 650	1 937	7 046	7 927
1997	0	0	5 327	5 898	1 596	1 885	6 923	7 783

表 5.9　DoD 航空采购总支出(除独立研发资金及投标和建议书资金,SDI/BMDO 及细分项目外)

(单位：百万美元)

年　份	纯民用	纯军用	军民两用	总　计
1992	0	24 094	0	24 094
1993	0	21 307	0	21 307
1994	0	18 601	0	18 601
1995	0	15 932	0	15 932
1996	0	14 091	0	14 091
1997	0	14 352	0	14 352

表 5.10　DoD 航空军民两用技术研究总支出(除 SDI/BMDO 项目)的资金分类

(单位：百万美元)

项目	研究与技术合同		开 发 合 同		采购合同(独立研发资金及投标和建议书资金)		总　计	
年份	最低支出	最高支出	最低支出	最高支出	最低支出	最高支出	最低支出	最高支出
1992	1 371	1 626	1 372	1 627	361	361	3 104	3 614
1993	1 588	1 842	1 609	1 863	228	228	3 425	3 933
1994	1 476	1 747	962	1 233	199	199	2 637	3 179
1995	1 736	1 998	1 333	1 596	189	189	3 258	3 783
1996	1 707	1 993	1 650	1 937	167	167	3 524	4 097
1997	1 749	2 038	1 596	1 885	171	171	3 516	4 094

表 5.11 DoD 航空军民两用技术研究总支出(除 SDI/BMDO 项目)中流入大型商用飞机主制造商的资金分类

(单位：百万美元)

项目	研究与技术合同		开 发 合 同		采购合同(独立研发资金及投标和建议书资金)		总 计	
年份	最低支出	最高支出	最低支出	最高支出	最低支出	最高支出	最低支出	最高支出
1992	219	260	219	260	126	126	564	646
1993	253	294	257	297	80	80	590	671
1994	236	279	154	197	70	70	460	546
1995	277	319	213	255	66	66	556	640
1996	272	318	263	309	58	58	593	685
1997	279	325	255	301	60	60	594	686

分析结果表明，研究与技术项目，以及后续的技术开发活动都具有巨大的军民两用的潜力，但是 DoD 采购合同与军民两用的通用性技术并不挂钩。研究与技术项目的金额数据包括独立研发资金及投标和建议书资金，以及包含在采购合同中的独立研发资金。因此，在计算补贴金额时，我们也会加入部分采购合同的支出数据。

独立研发资金指当企业进行独立研发时，由 DoD 出资对企业的研发成本进行补偿。独立研发资金与标准研发项目支出的不同之处在于，适用独立研发资金的项目是由企业独立发起的，而标准研发支出负担的研发项目是按照 DoD 的具体要求实施的(Arnold and Porter，1991：15)。正如国会技术评估办公室研究指出的那样，独立

研发资金非常重要。出于两方面的原因，独立研发资金计划非常重要。一些企业高管认为，政府补偿资金足以对企业的整体财务业绩产生重要影响。而另一些人则认为实施独立研发资金计划的真正意义在于刺激企业在研发上投入更多费用(COTA，1991：60)。上述研究显示，独立研发资金可能至少占飞机制造商全部研发预算的5%(COTA，1991：60)。

投标和建议书资金是对公司在制定军事合同投标和建议书时产生的成本进行补偿。这些成本通常是为制定建议书而开展的相关研发所产生的成本。

表5.10是对所有具有军民两用潜力的技术研发项目的总览，其中不包括SDI/BMDO项目和有关涉密项目。我们的分析预设DoD主导的、与飞机相关的研究与技术项目中识别出的军民两用项目必然支持民用研究与技术活动。基于此我们再做进一步的预设，即DoD与飞机相关的活动中军民两用潜力仅对民用飞机研究与技术开发提供巨大支持，而不用于其他民用领域发展活动。

通过分析合同最终承包方的总体信息，我们就能够追踪美国大型商用飞机主制造商从执行DoD合同的过程中所获得的收益。我们通过计算发现，DoD大约76%的研究、开发、测试与评估合同以及97%的采购合同给了美国航空航天产业。1996年，两家大型商用飞机主制造商(波音和麦道)获得了DoD 21%的研究、开发、测试与评估合同，以及大约36%的采购合同(见表5.2)。

美国大型商用飞机制造主体拿到的合同数量相对于DoD签发的总合同量的百分比份额适用于我们已识别的具有两用潜力的项目。最终结果如表5.11所示。基于可靠数据和稳健的假设，我们估计每年有近6亿美元通过合同流向美国大型商用飞机制造主体，用于飞机两用研究与技术。总结如表5.3所示。

5.5.2 DoD对美国大型商用飞机产业的补贴：结论

DoD通过各种政策杠杆支持美国大型商用飞机产业。20世纪90年代期间，DoD资助的多项军民两用技术研发计划促进了制造技术的变革，同时将更高比例的商用货架产品部件和系统纳入军事采购。这些举措从整体上提高了美国航空航天产业的制造效率，并为波音等企业带来了可观的收益。诸如FLASH和VITAL之类的DoD研究与技术计划，本质上也是旨在开发具有军民两用潜力的技术，这些项目也为美国大型商用飞机产业创造了直接的商业利益。

DoD补贴问题的核心是军民协同效应和军民两用技术的开发。美国社会目前普遍认为军民协同效应已经基本消失。然而，我们认为在制造技术、材料和航空电子设备方面仍然存在实质上的军民融合协同效应。否则，1992—1997年开展的军民两用技术研发计划变得毫无意义。鉴于波音公司在承继了麦道公司的国防合同之后已经成为国防合同的主要承包商之一，国防/民用技术转让的范围也随之扩大。事实上，随着源自C-17军用运输机的MD-17货机的推出，在机身技术领域，军民协同效应依旧存在。

为了计算出DoD大型商用飞机财政补贴的准确数字，我们分析了DoD在具有明显军民两用潜力的研究、开发、测试与评估项目中与飞机有关的财政支出。根据大型商用飞机产业主要生产商的合同量，我们随后估算了DoD军民两用研究与技术项目对波音和麦道的价值。在这两项测算的基础上，我们认为美国大型商用飞机制造商在1992—1997年间从DoD累计获得财政收益约为33.56亿美元，六年间平均每年约5.6亿美元。

第 6 章
总结：美国大型商用飞机产业获得的联邦政府补贴

6.1 概述

对美国大型商用飞机产业所获取的联邦政府补贴的分析表明，美国为该产业提供了大量公共资金。这些资金主要是通过 DoD 和 NASA 流入该产业的。

6.1.1 DoD 的补贴

DoD 的研发项目主要是为了获取更加先进的飞机和飞行系统以确保美国航空航天和国防领域的竞争力。虽然表面上保持美国大型商用飞机产业的领导地位并不是 DoD 研发项目的目标，但事实上这些研发项目起到了这一效果。作为全世界拥有最多研发经费的机构，DoD 有能力通过军事采购提升美国任何一项产业的竞争力。简言之，要确保美国军事实力的统治地位就必须保证美国国防工业的健康发展。波音作为目前唯一的美国大型商用飞机制造商，也承接了许多国防采购和技术研发合同。由于军事技术可以转为民用，事实上波音不可避免地会从 DoD 的研发项目中获益。

6.1.2 军民协同效应

过去几十年间的历史表明，军用航空航天技术与民用航空航天技

术之间的联系是十分紧密的。但是20世纪90年代的美国社会却宣称军民协同效应正在衰退，甚至已经完全消失。表面上看这种说法有一定合理性，因为目前军用和民用航空器在设计的细节和导向方面确实存在许多差异。但这种说法是站不住脚的，在材料、航电以及设计和制造工具这几个领域，军民协同效应依然发挥着重要作用。

美国在20世纪90年代开始通过将国防产业与民用产业融合改革国防采购合同。这样做的目的是通过最佳商业实践(如固定价格合同和精益化生产)降低国防经费支出。其中，如果所涉及的军用和民用产业差别太大，军民两用的策略则无法实行。此外，军民两用策略能够通过类似技术再投资计划使民用产业得到更加直接的财政支持。在我们看来，军民协同项目提高了整体的收益，例如制造技术优化(ManTech)项目在20世纪90年代就逐渐融入了国防和制造科学技术项目。

准确评估美国大型商用飞机产业从DoD主导的研发项目中获取的经济利益是很困难的。最大的困难是透明度和可追溯性，因为实际上最终的技术转移通常都是在制造商内部完成的。此外由于补贴问题的敏感性，制造商们也不会公开军民技术转换的过程。但是我们可以确定这种情况时常发生。历史上，波音的工程师们常常在像C-5这类军机项目和波音747这类民机项目中流转。参与波音777项目的波音工程师承认B-2项目中开发的复合材料技术在波音777项目中发挥了重要作用。除了材料、系统和零部件技术领域的军民技术转移，在机身设计方面，MD-17货机的机身设计实际上就是C-17大型运输机机身的衍生品。

鉴于技术转移的价值很难量化，我们决定不以数字直接评估这类活动的价值。我们首先确认DoD研发项目中有军转民潜力的领域，随后基于这些军民两用技术研发合同的细节估算其给大型商用飞机产业带来的经济利益。通过这种方法我们认为每年DoD技术研发项目大约能向大型商用飞机产业提供5.6亿美元的财政支持。但考虑到DoD航空技术研发项目的总体价值，以及波音现在是主要军机供应商的事实，这个数字可能偏保守。无论如何，我们认为这个结论是有据可依的。虽然过去有人通过计算得出过更大的数额，但是相关研究并没有在过去的贸易争端中引起美欧双方的讨论。

6.1.3 NASA的补贴

相较DoD而言，证明NASA向大型商用飞机产业提供了补贴并不困难。正如我们在第4章中所提到的，成立NASA的主要目的之一就是确保美国在全球航空技术领域的领先地位。NASA在20世纪90年代发布的一系列文件清晰表现了该机构对美国大型商用飞机产业发展作出的贡献。此外，本书中曾多次引用的论文集《NASA/DoD航空航天知识扩散研究》指出，美国的航空产业实际上是以一种公私合作的方式运作的，公共财政的支持事实上给大型商用飞机产业带来了巨大利益。虽然美国官员可能会对具体数额提出疑问，但是这本论文集的出版意味着美国方面无法否认其大型商用飞机产业从联邦政府处得到财政支持的事实。

第4章阐述了NASA主要通过航空重点计划（aeronautical focused programs，AFP）以及研究与技术项目向大型商用飞机产业提供补贴。由于美国民用飞机制造商的雇员会深度参与NASA的科研项目，这些项目中所做的研究和得到的技术成果最终会转移到美国的民用飞机制造商手中。虽然波音公司的管理人员始终否认这一事实，但是NASA的文件详细体现了该机构对波音777项目的巨大贡献（见第4章）。为了使我们的论点更具说服力，我们提供了一份由NASA出具的合同中关于复合材料在当前及未来机翼制造中应用部分的细节内容。

在分析 NASA 补贴的过程中，我们得以将 NASA 的支出与其出具合同的数据相结合。通过这种方法进行分析，我们估算出美国大型商用飞机产业在 1996—1997 年间，每年大约从 NASA 处获得 3.9 亿美元。但是这个数字并没有计算飞机零部件和系统供应商获得的合同份额，而它们生产的产品最终也进入了大型商用飞机产业。如果我们将这些公司的获益也计算在内，那么每年的补贴数额可能会超过 5 亿美元。

6.2 本章小结

基于我们对美国数据的系统性分析以及对于研发合同的详细评估，我们认为美国大型商用飞机产业在 1996—1997 年每年平均收到超过 10 亿美元的财政补贴。美国的政府文件证明了这些补贴来自 NASA 和 DoD，并且强调了大型商用飞机产业对于美国国民经济的重要性以及获得公共财政支持的必要性。简言之，美国为航空航天产业涉及的产业政策催生了这些补贴，而其产业政策也表现出美国政府对于战略型产业贸易始终持重商主义态度。

附录A 研究方法

对本书中数据的解释

书中的数据摘取自一份针对美国航空航天产业支出的大型调研报告。

信息来源

总体而言，本书对于美国政府航空航天支出的研究完全基于公开或可被获取的数据。考虑到美国的政治结构和立法机构对于政府预算的审批程序，相关政府公开文件对我们的研究很有价值。虽然每个部门预算的法律审批程序在细节层面有所不同，但在美国政府预算的公开文件中可以找到大量有关航空航天方面政府支出的信息。此外，通过查阅预算审批过程中的支持性文件也能找到额外的信息，比如立法机构“调查员”的研究报告。

关于加密数据的获取渠道，我们发现在美国政府公开文件中可以找到许多航空航天加密项目的信息。虽然关于这些项目的细节并未被解密，但我们依然可以得到这些秘密项目总支出的数据。在对这些秘密项目的信息有了初步了解之后，我们再根据信息的出处对这些信息进行分类。完成这些工作之后，出于两个因素的考虑，我们确信在研究过程中不会遗漏大额的美国在航空航天方面的政府支出。首先，我们认为完全规避美国国会议员审查的大额政府支出在美国的体制下是不太可能的；其次，各种独立机构对美国政府支出的审查报告都得出了比较相近的数字，也佐证了我们的计算结果。

其他在本书中引用的公开资料包括研究机构、企业、空间机构、政府部门的年报。此外，互联网有时也是有价值的信息来源。一些咨询机构和行业分析师撰写的文件也提供了一些信息。在本书中，这些信息的主要价值在于互相交叉印证数据的可靠性。

除了自行收集公开的信息之外，各国航空航天协会也给予了我们许多支持，包括帮助我们与政府主管部门、企业以及研究机构的行业专家建立联系。这些专家不仅向我们提供了有价值的信息和数据，同时也针对如何运用、解释数据给予了我们宝贵的建议。同时，由于航空航天协会自身也收集整理了一部分数据，这些数据也被用于与其他数据互相交叉印证。

除了公开的数据和项目信息，一些文件针对美国航空航天金融组织结构及其具体特征作了深度分析。这些文件实际上是一些独立研究机构互相交流以形成共识的一个平台。因此其中包含了大量关于美国航空航天产业融资架构以及相关航空航天研发项目具体内容的专家意见和专业知识。

研究以上这些资料主要也是为了交叉印证。比如一家政府宣称向其国内的航空航天研究机构提供了一定数额的资金支持，那么这一数额就应多少与该机构出具的收入报告相吻合。

分类

在这一部分将着重介绍我们如何将不同来源的信息进行分类的方法。我们通过设定一些关键词将每一条有价值的信息归入不同关键词所代表的信息类别之下。表 A.1 展示了这种分类方法的具体应用形式。

表 A.1 信息分类示例

航空器	飞机、直升机和滑翔机的完整系统和/或机体、地面装置，以及其子系统与零件、备件与维护设备 活塞发动机、涡轮螺旋桨发动机、涡轮喷气发动机、喷气发动机，以及其子系统与零件、备件与维护设备，用于安装发动机的设备 已完成组装的其他产品、子系统与零件、备件与维护材料，用于测试和地面训练的设备，用于产品安装的设备
导弹	导弹完整系统和/或弹体结构、地面装置，以及其子系统与零件、备件与维护设备 导弹发动机及其子系统与零件、备件与维护设备，用于安装发动机的设备 已完成组装的其他产品、子系统与零件、备件与维护材料，用于测试和地面训练的设备，用于产品安装的设备
航天	太空车、卫星、发射器的完整系统和/或机体、地面装置，以及其子系统与零件、备件与维护设备 推进装置及其子系统与零件、备件与维护设备、用于安装发动机的设备 已完成组装的其他产品、子系统与零件、备件与维护材料，用于测试和地面训练的设备，用于产品安装的设备
多产业共用	可用于不同产业的部件或系统

这种分类方法将信息分成以下几类：

1）以军用/民用为分类标准

部分项目信息也可以按照军用、民用以及军民两用进行分类。军用与民用的概念界限很清晰，而军民两用的分类则被用于定义那些以实现军民两用为最终目标的技术研发项目，以及那些被认为是有军转民或民转军潜力的研发项目。

2）以生命周期为分类标准

项目信息也可以以其所属的生命周期进行分类。

（1）研究与技术开发类具体包括如下方面：

a. 所有与研究和技术开发有关的活动，研究和技术项目中的技术演示，以及由采购合同中额外经费支持的企业独立研发和技术项目。

b. 产品系列开发，包括验收和取证的流程，但是欧洲航空航天研究机构协会所属的研究机构为政府所做的验收测试不包含在内，因为它不具备向商用飞机产业进行技术或者工艺转移的潜力。

（2）采购类具体包括如下方面：

a. 原件和备件采购(不包括采购合同中支付给独立研发项目的部分)。

b. 产品升级支出。

c. 维护支出(不包括军队负责的维护)。

d. 维持现有航空航天硬件运营的支出，但是这只针对 NASA，主要是航天飞机的运营支出，尚未分析军队运营航空航天设备的支出(如航油支出)。

3）以结构流为分类标准

基于一个我们认为能应用于所有民主政体国家的通用模型，对航空航天工业的资金来源结构进行了分析。图 A.1 展示了这一通用模型。

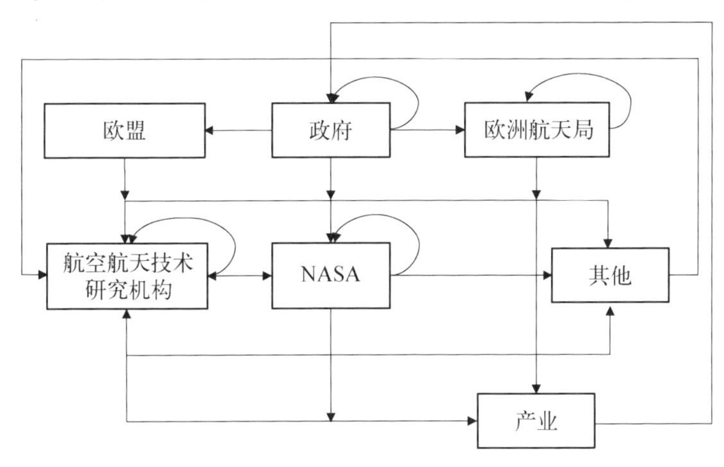

图 A.1　资金结构

我们可用四个层级来虚化这一模型结构。这四个层级是：来源(FROM)、通道一(VIA 1)、通道二(VIA 2)、去向(TO)。假设一个国家政府下发了一笔资金，资金先通过该国太空署，随后再通过一个航空航天技术研究机构将资金注入到航空航天工业中，那么这四个层级将会是如下内容：

(1) 来源：政府。

(2) 通道一：国家太空署。

(3) 通道二：航空航天技术研究机构。

(4) 去向：产业。

图 A. 2 包含了四个层级中每个参与方的资金支出和流入情况。图中椭圆代表可以获得每一参与方收入数据的层级(如国家太空署：第二级"通道一")，第四级"去向"则表现了政府、政府机构、航空航天技术研究机构、国家太空署和欧洲航天局(European Space Agency, ESA)的内部总支出。

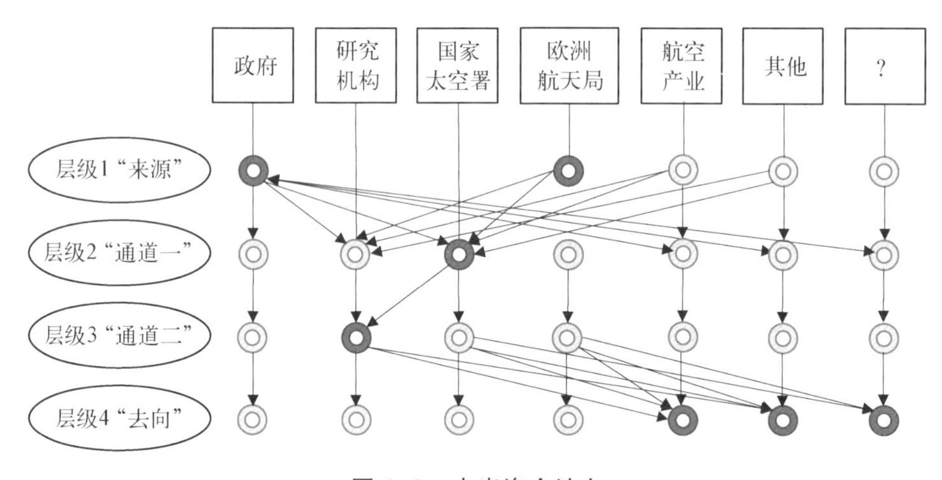

图 A. 2 支出资金流向

表 A. 2 中是模型结构在所有层级参与方的完整名单。

表 A.2 中是模型结构在所有层级参与方的完整名单。

表 A.2　关键部门分析

关 键 部 门	全　　称	类　　型
AI-US	美国航空航天产业	产业
DoC	美国商务部	政府
DoD	美国国防部	政府
DoE	美国能源部	政府
FAA	美国联邦航空管理局	政府
GOV	美国政府	政府
NASA	美国国家航空航天局	政府
OTHER	其他	其他

数字精确性

整合政府关于航空航天方面的支出数据时，误差是难以避免的。产生误差的主要原因是参考文件的来源不同、文件的表述方式不同，以及美国各政府部门在数据公布和分类方式上存在差异（见第 3 章）。出于这些原因，获取一致的数据异常困难。

因此，本书中的数据分析只是力求接近现实。我们所搭建的分析模型的意义在于以符合逻辑的方式得出有价值的结论和解读，而非将每一个补贴数字精确到最后一位[①]。

① 第 3 章和第 4 章表格中的数字看似极为精准，这些数字是基于精确数据运用计算软件得出的。本书中的数字误差范围大约在 15%以内并按需进行了四舍五入。

估计支出法

关于“公共资金”，由于不同的信息来源有不同的表述方式（例如预算、义务、承诺、负担、产出、开支、支出等），并且这些表述方式可能出现在美国国会预算审批流程的各阶段文件中（例如未通过的提案、观点报告、通过的预算报告等），在比较来自不同国家和文件中的信息时很可能会产生误差。如果不对这些名词进行统一定义，就无法有效比对所获取的信息。

我们采用的第一个方法是在所有数据中选取最接近实际支出的数据。例如：相较于未通过的预算，我们会倾向选取已通过的预算方案；相较于承诺支出的资金，我们会倾向选取已支出的金额。

第二个方法是将所有数据归类到“估计支出”的类别下。这种统计方法意味着所有数据都被认定为是一个估值，而非实际和准确的支出数据。鉴于开展本项研究的主要目的是理清美国政府补贴的渠道和总体逻辑，我们认为这种统计手段是可行的。计算估计支出的公式如下所示：

在以国家为单位的前提下，$EXP_{curr,\ natcur,\ yr}$ 指代以目前国家货币价值计算出的某年（yr）的估计支出，$D_{yr,\ ref}$ 指代基于参考年（ref）的某年（yr）的平减指数。

某年（yr）的支出就可以以参考年（ref）的货币价值进行计算，$EXP_{const,\ natcur,\ yr}$ 的计算公式为：

$$EXP_{const,\ natcur,\ yr,\ ref} = EXP_{curr,\ natcur,\ yr} / D_{yr,\ ref} \cdot [100]$$

最小值/最大值分类法

在研究不同类型的文件并尝试提取航空航天产业的相关数据时，

很多信息并非总能与我们的设想保持一致。因此,这意味着我们无法将所有信息完全精确地加以分类。

根据定义,当每种分类名称中的单一关键词足以描述一份信息的时候,才可以达成精确分类[如飞机·民用·研究与技术(aircraft·civil·R&T)就涵盖了所有民用飞机研究与技术方面的信息]。如果需要超过一个关键词才能描述一份信息,那么就不能达成精确分类。不构成精确分类的一个典型的例子是航空研究与技术(aeronautics R&T),从这两个词中我们无法确定研究和技术是军用的还是民用的,甚至相关研究和技术也有可能是关于导弹的。因此,它就必须被归类为飞机/导弹·军用/民用·研究与技术(aircraft/missile·military/civil·R&T)。解决这个问题的方法被我们称为最小值/最大值分类法。

在这个框架下,能够被精确归类的信息属于最小值数据集(minimum set of data),其余无法被精确归类的信息则属于最大值数据集(maximum set of data)。

依然以之前提到的两个分类为例,一个被归类为飞机·民用·研究和技术的信息就属于最小值民用飞机研究与技术(minimum civil aircraft R&T)这一数据集,而飞机/导弹·军用/民用·研究与技术则属于最大值民用飞机研究与技术(maximum civil aircraft R&T)这一数据集。当然,这样做也会产生准确性方面的问题。最大数据集和最小数据集之间的差距会随着"查询详细程度"的上升而增大。以下的两个例子解释了何为"查询详细程度":

(1) 查找飞机研发数据是比查询所有飞机数据更具体的问题。

(2) 查找飞机数据是比查找整个航空航天工业数据更具体的问题。

即使最小值和最大值数据集之间差异很大,但是这种归类方法也能够正确反映参考资料中原始数据的呈现方式。使用者也由此可以在

查询数据时对数据的准确性有一个直接的认识。

当然使用这一分类方法的后果之一就是将各数据(如研发+采购)相加并不意味着能够得出总额,这是因为:将最小研发数据集和最小采购(procurement)数据集求和并不能得出研发与采购金额之和的精确数据。同样,将最大研发数据集和最大采购数据集求和也不能得出研发与采购金额之和的精确数据,因为这会重复计算研发/采购这一种类的数据。

因此我们可得出以下两个公式:

[min total]>[min R&D]+[min procurement]

[max total]<[max R&D]+[max procurement]

当然,数据集求和是由软件自动计算完成的,具体数据见第 3 章和第 4 章中的表格。

军民两用项目的计算

分类为军民两用的信息是同时计算最大数据集和最小数据集的,因此民用项目的最小数据集包括了纯民用项目和军民两用项目的数据,同理,军用项目的最小数据集也包括了纯军用项目和军民两用项目的数据。但是,当我们将军用、民用两个数据相加得出总额时,必须确保军民两用项目的数据只被计算一次。在计算美国航空技术研发支出时,美国航空航天战略研究中心组织了两个专家团队对民用和军用飞机技术研发项目进行了评估,以筛选出哪些项目适用被归类为军民两用项目。这样做的目的是将纯军用项目的支出排除在外,不计入大型商用飞机产业从美国政府处获取的经济收益。

多产业共用技术项目的计算

多产业共用技术项目的计算方法与军民两用项目的计算方法相

似。多领域技术项目的计算将应用于以产业领域为基础进行分类的信息。例如,如果一份信息(如空气动力学)可应用于超过一个产业(如飞机和导弹),那么这份信息就属于多领域技术项目(multi-sectoral application, MSA),就需要通过多领域技术项目的计算方法进行计算。

分类为多产业共用技术项目的信息是同时计算最大数据集和最小数据集的。因此,飞机技术项目的最小数据集包括了纯飞机技术项目,以及同时适用于飞机领域和其他领域的技术项目。所有那些无法分类为单领域的技术项目信息,以及无法确认为多产业共用技术项目的信息都将被计入最大数据集。因此,当我们将每个技术领域的数据集相加得出总额时,需要通过合并数据集来避免多次计算同一份信息。

不明去向资金的计算

虽然大部分图 A.1 和图 A.2 四级资金流动结构中主要参与者间的资金流动已经被我们找到并确认,但是并不是所有资金流动都是如此。

最小数据集中计入了所有那些四级结构中资金去向明确的信息,而最大数据集中则计入了所有资金去向不明的信息。

总结

本书中计算方法的最大优势在于所有不同来源的信息可以用同一种方法进行计算。

我们选用的最小数据集和最大数据集的计算方式可以对不同来源数据信息的准确性进行评价。最大与最小数据集的差额允许我们从数据中得出安全的、审慎的结论。

由于我们的计算模型已经被不同专家和研究机构交叉验证过,因此我们有理由相信关于美国在航空航天领域支出的计算是可靠的。

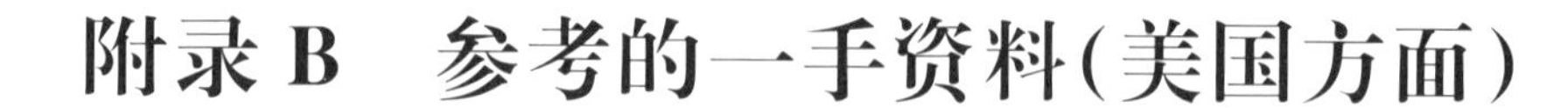

附录B 参考的一手资料(美国方面)

100 Companies Receiving the Largest Dollar Volume of Prime Contract Awards, Directorate for Information Operations and Reports(DoD, annually).

Aerospace Fact & Figures(Aerospace Industries Association, annually).

Annual Procurement Report(NASA, annually).

Annual Report to the President and the Congress(DoD, April annually).

Competitiveness of the European Civil Aircraft Industry, Annex B, Arthur D. Little(1991).

Defense Science and Technology Strategy, Director, Defense Research and Engineering(DoD, September 1994).

Defense Technology Area Plan(DoD, May 1996).

Department of Energy Annual Procurement and Financial Assistance Report (various years).

European Space Directory(Sevig Press, various years).

Highlights of the Department of the Navy FY 1998/99 Biennial budget(Office of Budget Department of the Navy, February 1997).

Joint Warfighting Science and Technology Plan(DoD, May 1996).

National Security Science and Technology Strategy (National Science and Technology Council).

President's Budget Submission(Ballistic Missile Defence Organization, February annually).

Prime Contract Awards by Service Category and Federal Supply Classification, Directorate for Information Operations and Reports (DoD, annually).

Prime Contract Awards, Directorate for Information Operations and Reports (DoD, annually).

Procurement Programs (P-1)(DoD, February annually).

Program Acquisition Costs by Weapon System(DoD, February annually).

RDT&E Programs(R-1)(DoD, February annually).

Research, Development, Test and Evaluation(RDT&E R-1) Programs(Forecast International, May 1997).

Second to None: Preserving America's Military Advantage through Dual-Use Technology (National Economic Council/National Security Council/Office of Science and Technology Policy, February 1995).

The Military Balance 1997/98(The International Institute for Strategic Studies, London, October 1997).

United States Space Directory(Space Publications, various years).

US Government Aerospace Research & Development Contracts (TDIS. Ltd, Annadale, Virginia, March 1997).

US Government Support of the US Large Civil Aircraft Industry (Arnold and Porter LLP, Washington, 1991).

附录 C　美国国会文档

美国国会编号	文件标题	财政年度	出版时间	参考	美国国会信息服务处美国国会出版物摘要		备注
					#编号	年份	
104	1996 年 DoD 预算案	1996	1995-07-27	H. Rpr. 104-208	H 183-17	1995	
104	为 1996 年 9 月 30 日结束的财年做出预算	1996	1995-11-15	H. Rpr. 104-344	H 183-30	1995	H 183：拨款委员会报告
103	1995 年 DoD 预算案	1995	1994-06-27	H. Rpr. 103-562	H 183-18	1994	
103	为 1995 年 9 月 30 日结束的财年做出预算	1995	1994-09-26	H. Rpr. 103-747	H 183-31	1994	
103	1994 年 DoD 预算案	1994	1993-09-22	H. Rpr. 103-254	H 183-22	1993	

（续表）

美国国会编号	文件标题	财政年度	出版时间	参考	美国国会信息服务处美国国会出版物摘要		备注
					#编号	年份	
103	为1994年9月30日结束的财年做出预算	1994	1993-11-09	H. Rpr. 103-339	H 183-35	1993	
102	1993年DoD预算案	1993	1992-06-29	H. Rpr. 102-627	H 183-12	1992	
102	为1993年9月30日结束的财年做出预算	1993	1992-10-05	H. Rpr. 102-1015	H 183-32	1992	
102	1992年DoD预算案	1992	1991-06-04	H. Rpr. 102-95	H 183-10	1991	
102	为1992年9月30日结束的财年做出预算	1992	1991-11-18	H. Rpr. 102-328	H 183-33	1991	
101	1991年DoD预算案	1991	1990-10-09	H. Rpr. 101-822	H 183-16	1990	
101	为1991年9月30日结束的财年做出预算	1991	1990-10-24	H. Rpr. 101-938	H 183-27	1990	
101	1990年DoD预算案	1990	1989-08-01	H. Rpr. 101-208	H 183-16	1989	

（续表）

美国国会编号	文件标题	财政年度	出版时间	参考	美国国会信息服务处美国国会出版物摘要		备注
					#编号	年份	
101	为1990年9月30日结束的财年做出预算	1990	1989-11-13	H. Rpr. 101-344	H 183-32	1989	
100	1989年DoD预算案	1989	1988-06-10	H. Rpr. 100-681	H 183-7	1988	
100	为1989年9月30日结束的财年做出预算	1989	1988-09-28	H. Rpr. 100-1002	H 183-28	1988	
100	1988年DoD预算案	1988	1987-10-28	H. Rpr. 100-410	H 183-18	1987	
100	为1988年9月30日结束的财年提供持续拨款	1988	1987-12-22	H. Rpr. 100-498	H 183-21	1987	未使用/包含DoD
99	1987年DoD预算案	1987	1986-8-14	H. Rpr. 99-793	H 183-19	1986	
99	为1987年9月30日结束的财年提供持续拨款	1987	1986-10-15	H. Rpr. 99-1005	H 183-27	1986	未使用/包含DoD

（续表）

美国国会编号	文件标题	财政年度	出版时间	参考	美国国会信息服务处美国国会出版物摘要		备注
					＃编号	年份	
99	1986年DoD预算案	1986	1985-10-24	H. Rpr. 99-332	H 183-23	1985	
99	为1986年9月30日结束的财年提供持续拨款	1986	1985-10-16	H. Rpr. 99-443	H 183-32	1985	未使用/包含DoD
98	1985年DoD预算案	1985	1984-9-26	H. Rpr. 99-1086	H 183-29	1984	
98	为1985年9月30日结束的财年提供持续拨款	1985	1984-10-10	H. Rpr. 99-1159	H 183-32	1984	未使用/包含DoD

附录D　NASA合同

表D.1　大型民机产业从NASA项目获得的费用

	预估年平均支出														
	基于1996—1997年数据														
	美国国家航空航天局航空相关项目中分包工作项目														
	数据单位：百万美元														
	美国航空航天工业									其他			总计		
	大型商用飞机综合体			其他			总计								
	大型商用飞机相关	其他	总计	大型商用飞机相关	其他	总计	大型商用飞机相关	其他	总计	大型商用飞机相关	其他	总计	大型商用飞机相关	其他	总计
纯民用项目	164	0	164	2	41	43	166	41	208	0	112	112	166	153	319
纯军用项目		NA	NA		NA	NA		33	33		18	18		51	51
军民两用项目	40	40	40	12	31	31	52	70	70	41	38	38	93	108	108
总计	204	NA	NA	14	NA	NA	218	145	311	41	167	167	260	312	479

表D.2　大型民机产业从NASA R&T基础项目获得的费用

	预估年平均支出														
	基于1996—1997年数据														
	美国国家航空航天局航空相关项目中分包工作项目														
	数据单位：百万美元														
	美国航空航天工业									其他			总计		
	大型商用飞机综合体			其他			总计								
	大型商用飞机相关	其他	总计	大型商用飞机相关	其他	总计	大型商用飞机相关	其他	总计	大型商用飞机相关	其他	总计	大型商用飞机相关	其他	总计
纯民用项目	150	0	150	2	37	39	152	37	189	0	102	102	152	139	291
纯军用项目		NA	NA		NA	NA		30	30		16	16		47	47
军民两用项目	36	36	40	11	28	28	47	64	64	38	35	35	85	99	99
总计	186	NA	NA	13	NA	NA	199	132	2 841	38	153	153	237	285	436

表 D.3 大型民机产业和相关产业从所有 NASA R&T 基础项目获得的预计费用

预估年平均支出

基于1996—1997年数据

美国国家航空航天局航空相关项目中分包工作项目

数据单位：百万美元

	美国航空航天工业									其他			总计		
	大型商用飞机综合体			其他			总计								
	大型商用飞机相关	其他	总计	大型商用飞机相关	其他	总计	大型商用飞机相关	其他	总计	大型商用飞机相关	其他	总计	大型商用飞机相关	其他	总计
纯民用项目	314	0	314	4	78	83	318	78	397	0	214	214	318	292	611
纯军用项目		NA	NA		NA	NA		64	64		34	34		98	98
军民两用项目	76	76	76	23	59	59	99	135	135	79	73	73	178	207	207
总计	390	NA	NA	27	NA	NA	417	276	595	79	320	320	496	597	915

表 D. 4　NASA 存续合同 1996—1997 年

NASA 1996—1997 年尚在履约期的航空合同汇总					
签订日期	受要约人	合同标题	合同价值/美元	军用/民用	研究与技术基础计划/航空重点计划
1989	德国巴斯夫化学	先进结构复合材料	2 416 500	两用	研究与技术基础计划
	波音公司	先进飞机动力技术	9 999 992	民用	研究与技术基础计划
	波音商用飞机公司	先进复合材料飞机结构	26 499 388	民用	航空重点计划
	BBN 科技公司	先进航空自动化	4 826 449	两用	研究与技术基础计划
	陶氏化学	用于构建初级结构复合材料的新型树脂	4 228 576	两用	研究与技术基础计划
	格鲁曼航空航天公司	用于机翼和机身的新型复合材料	3 722 135	两用	研究与技术基础计划
	洛·马公司	先进结构复合材料	21 050 000	两用	研究与技术基础计划
	洛·马公司	研究与技术支持	206 354 973	两用	研究与技术基础计划
	麦道公司	航空航天导航与飞行控制技术	4 399 000	两用	研究与技术基础计划
	麦道公司	ICAPS 阶段 B	30 236 344	两用	航空重点计划
	诺斯罗普·格鲁曼公司	先进飞机动力技术系统	9 915 170	军用	研究与技术基础计划

（续表）

NASA 1996—1997年尚在履约期的航空合同汇总					
签订日期	受要约人	合同标题	合同价值/美元	军用/民用	研究与技术基础计划/航空重点计划
1989	三角研究园	在微波与天线技术方面的研究	12 830 669	两用	研究与技术基础计划
1990	佐治亚理工学院	在声学和噪声控制方面的研究	3 952 335	民用	研究与技术基础计划
	洛·马公司	动力系统与机身一体化研究	8 101 748	两用	研究与技术基础计划
	麦道公司	动力系统与机身一体化技术	7 800 000	两用	研究与技术基础计划
	麦道公司	在声学和噪声控制方面的研究	4 352 524	民用	研究与技术基础计划
	三角研究园	容错综合飞行系统设计与演示	12 734 140	两用	研究与技术基础计划
1991	波音公司	先进复合材料飞机结构	10 255 000	民用	航空重点计划
	波音公司	高速研究系统	1 985 757	民用	航空重点计划
	洛·马公司	先进复合材料飞机结构	12 701 000	两用	研究与技术基础计划
	麦道公司	高速研究系统	16 538 903	两用	航空重点计划
	诺斯罗普·格鲁曼公司	先进复合材料飞机结构	7 913 048	两用	研究与技术基础计划

（续表）

NASA 1996—1997 年尚在履约期的航空合同汇总

签订日期	受要约人	合同标题	合同价值/美元	军用/民用	研究与技术基础计划/航空重点计划
1991	韦格扬公司	飞行控制系统，导航系统研发	3 995 700	两用	研究与技术基础计划
1992	分析服务与材料公司	先进材料技术	4 910 332	两用	研究与技术基础计划
	分析服务与材料公司	航空领域的基本研究	4 686 140	两用	研究与技术基础计划
	贝尔直升机公司	用于民用飞机和直升机的初级结构复合材料	1 295 920	民用	航空重点计划
	洛克希德先进发展公司	可供先进飞机使用的技术	10 092 242	两用	研究与技术基础计划
	麦道公司	先进交通运营系统研究	5 445 930	民用	研究与技术基础计划
	欧道明大学	空气动力学研究	9 822 000	两用	研究与技术基础计划
	罗克韦尔国际公司	先进技术运营系统研究	4 710 920	两用	航空重点计划
	韦格扬公司	应用航空研究与发展	9 697 811	两用	研究与技术基础计划

（续表）

NASA 1996—1997 年尚在履约期的航空合同汇总					
签订日期	受要约人	合同标题	合同价值/美元	军用/民用	研究与技术基础计划/航空重点计划
1992	弗吉尼亚理工大学	空气动力学研究	6 511 700	两用	研究与技术基础计划
1993	先进导航与定位公司	先进着陆系统	3 204 100	两用	航空重点计划
	波音公司	声学和噪声控制	9 073 750	民用	航空重点计划
	波音公司	高速民用运输研究	35 952 022	民用	航空重点计划
	波音公司	高速研究计划-1 项目	25 400 000	民用	航空重点计划
	波音商用飞机公司	可用于高速民用运输的材料研究	20 552 468	民用	航空重点计划
	波音商用飞机公司	噪声降低技术	8 565 600	民用	研究与技术基础计划
	BBN 科技公司	声学和噪声控制	3 201 200	民用	研究与技术基础计划
	洛·马公司	声学和噪声控制	7 071 100	民用	研究与技术基础计划
	洛·马公司	高速民用运输研究	7 328 200	民用	航空重点计划
	麦道公司	声学和噪声控制	10 141 250	民用	航空重点计划

（续表）

NASA 1996—1997年尚在履约期的航空合同汇总					
签订日期	受要约人	合同标题	合同价值/美元	军用/民用	研究与技术基础计划/航空重点计划
1993	麦道公司	电传操纵技术	-	-	-
	麦道公司	高速研究计划-1项目	23 900 000	两用	航空重点计划
1994	阿斯彭系统公司	石墨纤维增强的复合材料制造	500 000	两用	研究与技术基础计划
	AYT集团	在支持航空研究方面的研发工作	1 191 206	两用	研究与技术基础计划
	波音公司	民用航空亚声速光传飞行控制	12 082 571	民用	航空重点计划
	波音公司	融合式机翼设计	23 798 750	民用	航空重点计划
	波音公司	融合式机翼设计及技术	22 811 250	民用	航空重点计划
	波音公司	聚合物复合材料的研究方法	18 500 000	两用	研究与技术基础计划
	波音公司	航空学计算机应用	225 425	两用	研究与技术基础计划
	波音商用飞机公司	高速飞行机身技术研究	440 000 000	民用	航空重点计划
	波音商用飞机公司	融合式机翼设计	17 775 000	民用	航空重点计划

(续表)

NASA 1996—1997 年尚在履约期的航空合同汇总					
签订日期	受要约人	合同标题	合同价值/美元	军用/民用	研究与技术基础计划/航空重点计划
1994	霍尼韦尔公司	高速飞行驾驶舱系统研究	26 240 000	两用	航空重点计划
	洛克希德沃斯堡公司	航空学计算机软件研究	155 689	两用	研究与技术基础计划
	洛·马公司	快速精确的气动伺服弹性方法(存疑)	723 510	两用	研究与技术基础计划
	麦道公司	高级并行计算/计算航空科学研究	721 070	两用	航空重点计划
	麦道公司	机翼机身融合技术	2 386 387	两用	研究与技术基础计划
	麦道公司	高性能计算机系统/在先进计算机系统上进行的航空器分析	586 693	两用	航空重点计划
	麦道公司	融合式机翼设计	18 300 000	两用	航空重点计划
1995	航空计量公司	用于除冰系统的高级信号处理器	150 367	两用	航空重点计划
	联信公司	模拟叶片金属基复合盘	152 375	两用	航空重点计划

（续表）

NASA 1996—1997 年尚在履约期的航空合同汇总					
签订日期	受要约人	合同标题	合同价值/美元	军用/民用	研究与技术基础计划/航空重点计划
1995	AYT 集团	在支持航空研究方面的研发工作	536 016	两用	研究与技术基础计划
	AYT 集团	主动噪声控制智能结构建模技术	155 755	民用	研究与技术基础计划
	波音公司	商用运输机合成材料机身结构	24 000 000	民用	航空重点计划
	波音民机集团	技术审核/初级复合材料机身结构/商用运输机合成材料机身结构	1 816 000	民用	航空重点计划
	中央州立大学	制造技术	50 000	两用	研究与技术基础计划
	克拉克亚特兰大大学	制造技术	119 706	两用	研究与技术基础计划
	霍尼韦尔技术中心	先进空运技术	1 929 596	民用	航空重点计划
	洛·马公司	先进 ATM 系统概念	1 675 051	民用	航空重点计划
	三菱重工	为数字化空气动力学模拟提供的支持	22 152 108	两用	航空重点计划

（续表）

NASA 1996—1997 年尚在履约期的航空合同汇总					
签订日期	受要约人	合同标题	合同价值/美元	军用/民用	研究与技术基础计划/航空重点计划
1995	麦道公司	ACT 机翼/商用飞机复合材料机翼	121 861 556	民用	航空重点计划
	麦道公司	先进航空器研究	9 990 000	两用	研究与技术基础计划
	麦道公司	航空航天导航与飞行控制技术	6 533 950	两用	研究与技术基础计划
	麦道公司	双燃料喷气式高超声速飞行器设计研究	3 207 934	两用	航空重点计划
	麦道公司	现场维修操作的改进	841 956	两用	航空重点计划
	麦道公司	智能飞控系统	3 134 306	两用	航空重点计划
	麦道公司	MD-11 主成分分析实验	49 129	民用	航空重点计划
	麦道公司	电传操纵技术	28 075 421	两用	航空重点计划
	诺斯罗普·格鲁曼公司	先进航空器研究	3 296 682	两用	航空重点计划
	奥德赛研究协会	设计飞行相关的关键系统的形式化方法	543 509	两用	研究与技术基础计划

（续表）

NASA 1996—1997 年尚在履约期的航空合同汇总					
签订日期	受要约人	合同标题	合同价值/美元	军用/民用	研究与技术基础计划/航空重点计划
1995	美国空军	先进航空器分析	900 000	军用	研究与技术基础计划
1996	先进模块化动力系统	低价聚合物前驱体试验	499 661	两用	航空重点计划
	先进技术公司	整合的依赖模型	90 000 000	两用	航空重点计划
	Advex 公司	制造技术	2 660 062	两用	研究与技术基础计划
	Aeroplas 国际集团	增强的电子束固化树脂	300 000	两用	航空重点计划
	联信公司	针对亚声速飞机的推进和降噪研究	15 577 786	民用	研究与技术基础计划
	艾里逊发动机公司	重要的推进和降噪技术	9 131 000	民用	研究与技术基础计划
	阿尔法星集团	编织复合材料结构研究	599 813	两用	航空重点计划
	阿斯彭系统公司	半刚性或刚性高温隔离	596 379	两用	航空重点计划
	光束科技公司	主动动作机翼-用于主动气动系统设计的工具	599 154	两用	航空重点计划

（续表）

NASA 1996—1997 年尚在履约期的航空合同汇总

签订日期	受要约人	合同标题	合同价值/美元	军用/民用	研究与技术基础计划/航空重点计划
1996	波音公司	航空航天导航控制技术	10 115 000	两用	研究与技术基础计划
	波音公司	高攻角研究机	4 199 857	民用	研究与技术基础计划
	波音公司	用于商用运输机的初级复合材料机身技术演示	2 000 000	民用	研究与技术基础计划
	波音公司	电源管理、控制和分配	4 030 441	两用	航空重点计划
	Bouillon Christofferson and Schairer	飞机表面精密检查	589 123	两用	航空重点计划
	BNS公司	航空伺服弹性高速铁电液晶光纤调制器（存疑）	584 535	两用	航空重点计划
	动力工程学	整合的依赖模型	90 000 000	两用	航空重点计划
	专业系统应用	可控智能复合结构	597 274	军用	航空重点计划
	通用电气公司	重要的推进和降噪技术	62 315 800	民用	研究与技术基础计划

（续表）

NASA 1996—1997 年尚在履约期的航空合同汇总					
签订日期	受要约人	合同标题	合同价值/美元	军用/民用	研究与技术基础计划/航空重点计划
1996	洛·马公司	航空航天技术研究	33 795 635	两用	研究与技术基础计划
	材料与化学研究	复合材料	598 683	两用	研究与技术基础计划
	材料与化学研究	碳基复合材料处理	600 000	两用	航空重点计划
	麦道公司	先进航空技术演示	22 028 424	两用	研究与技术基础计划
	迈克珂来富株式会社	制造技术	1 025 805	两用	研究与技术基础计划
	Sunstrand	电源管理、控制和分配	10 150 624	民用	航空重点计划
	天合汽车集团	电源管理、控制和分配	5 854 886	两用	航空重点计划
	联合技术公司	重要的推进和降噪技术	26 803 518	民用	研究与技术基础计划
1997	ACTA 公司	用于先进航空航天结构的软件	499 995	两用	航空重点计划
	AD 技术系统研究	陶瓷基复合材料声衬系统的耐久性测试	300 000	两用	航空重点计划

（续表）

NASA 1996—1997 年尚在履约期的航空合同汇总					
签订日期	受要约人	合同标题	合同价值/美元	军用/民用	研究与技术基础计划/航空重点计划
1997	有量科技公司	高性能陶瓷基复合材料	1 189 460	两用	航空重点计划
	波音公司	先进复合材料技术	130 000 000	两用	航空重点计划
	波音公司	智能飞机	3 134 306	两用	航空重点计划
	波音公司	智能主动损坏控制系统	99 920	两用	航空重点计划
	波音民机集团	先进亚声速飞机降噪研究	5 997 954	民用	航空重点计划
	洛·马公司	高性能飞机	19 867 030	两用	航空重点计划
	麦道公司	先进可分离太空站	69 982	军用	研究与技术基础计划
	麦道公司	在先进航空器方面的研究	9 972 680	两用	航空重点计划

表 D. 5　NASA 存续合同的预估年支出

NASA 1996—1997 年尚在履约期的航空合同汇总															
预估支出/美元															
合同标题	要约人	受要约人	1989	1990	1991	1992	1993	1994	1995	1996	1997	1998	1999	2000	2001	1989—2001（已核实）
声学和噪声控制	NASA	波音公司	—	—	—	—	881 336	2 509 367	2 652 384	1 732 865	891 756	673 068	—	—	—	9 073 750
声学和噪声控制	NASA	麦道公司	—	—	—	—	783 410	2 300 444	2 725 664	2 067 195	1 251 721	24 840 295	339 748	—	—	10 141 250
ACT 机翼/商用飞机复合材料机翼	NASA	麦道公司	—	—	—	—	—	—	9 413 782	27 643 105	32 752 730	175 141	15 041 210	8 087 875	4 082 559	121 861 556
主动动作机翼-用于主动气动系统设计的工具	NASA	光束科技公司	—	—	—	—	—	—	—	58 196	165 697	368 506	114 424	58 884	26 812	599 154
先进空运技术	NASA	霍尼韦尔公司	—	—	—	—	—	—	187 422	533 634	564 048	171 878	189 638	86 348	—	1 929 596
在先进飞行器方面的分析	NASA	美国空军	—	—	—	—	—	—	87 417	248 897	263 083	—	88 451	40 274	—	900 000
先进飞机动力技术	NASA	波音公司	546 530	1 628 495	2 200 277	1 996 929	1 475 603	974 430	604 062	361 442	212 224	1 907 846	—	—	—	9 999 992

（续表）

NASA 1996—1997年尚在履约期的航空合同汇总																
			预估支出/美元													
合同标题	要约人	受要约人	1989	1990	1991	1992	1993	1994	1995	1996	1997	1998	1999	2000	2001	1989—2001（已核实）
先进ATM系统概念	NASA	麦道公司	—	—	—	—	—	—	970 331	2 762 758	2 920 217	629 586	981 804	447 044	—	9 990 000
在先进飞行器方面的研究	NASA	诺斯普·格鲁曼公司	—	—	—	—	—	—	320 208	911 705	963 666	3 964 506	323 994	147 524	—	3 296 682
先进飞行器技术试验	NASA	麦道公司	—	—	—	—	—	—	—	6 748 452	11 315 466	319 894	—	—	—	22 028 424
先进航空自动化	NASA	洛·马公司	—	—	—	—	—	—	162 698	463 239	489 641	—	164 622	74 957	—	1 675 051
先进航空自动化	NASA	BBN科技	263 780	785 985	1 061 953	963 808	712 193	470 304	291 548	174 448	102 429	—	—	—	—	4 826 449
先进复合材料飞机结构	NASA	波音民机集团	1 696 043	5 042 513	6 452 846	5 429 400	3 686 688	2 230 437	1 266 502	694 958	—	—	—	—	—	26 449 388
先进结构复合材料	NASA	德国巴斯夫化学公司	132 069	393 526	531 697	482 558	356 580	235 471	145 972	87 343	51 284	—	—	—	—	2 416 550

（续表）

NASA 1996—1997 年尚在履约期的航空合同汇总															
预估支出/美元															
合同标题	要约人	受要约人	1989	1990	1991	1992	1993	1994	1995	1996	1997	1998	1999	2000	2001	1989—2001（已核实）
先进结构复合材料	NASA	洛·马公司	1 150 447	3 427 985	4 631 588	4 203 538	3 106 148	2 051 176	1 271 552	760 836	446 731	—	—	—	—	21 050 000
先进复合材料技术	NASA	波音公司	—	—	—	—	—	—	—	—	16 813 346	44 798 449	39 550 907	20 563 743	8 273 555	130 000 000
先进着陆系统	NASA	先进导航与定位公司	—	—	—	—	311 215	886 101	936 603	611 905	314 895	143 381	—	—	—	3 204 100
先进材料技术	NASA	分析服务与材料公司	—	—	—	476 942	1 357 964	1 435 359	937 754	482 581	219 733	—	—	—	—	4 910 332
高级并行计算/计算航空科学研究	NASA	麦道公司	—	—	—	—	—	93 258	248 483	219 377	114 061	45 891	—	—	—	721 070
先进动力系统/飞行器系统	NASA	诺斯罗普·格鲁曼公司	541 895	1 614 682	2 181 614	1 979 990	1 463 087	966 164	598 938	358 376	210 423	—	—	—	—	9 915 170

（续表）

NASA 1996—1997 年尚在履约期的航空合同汇总															
预估支出/美元															
合同标题	要约人	受要约人	1989	1990	1991	1992	1993	1994	1995	1996	1997	1998	1999	2000	2001	1989—2001（已核实）
先进可分离太空站	NASA	麦道公司	—	—	—	—	—	—	—	—	69 982	—	—	—	—	69 982
用于除冰系统的高级信号处理器	NASA	航空计量公司	—	—	—	—	—	—	14 605	41 585	43 955	28 717	14 778	6 729	—	150 368
先进亚声速飞机降噪研究	NASA	波音民机集团	—	—	—	—	—	—	—	—	3 521 935	2 476 019	—	—	—	5 997 954
先进技术运营系统研究	NASA	霍尼韦尔公司	—	—	—	457 573	1 302 816	1 377 068	899 671	462 983	210 810	—	—	—	—	4 710 920
先进交通运营系统研究	NASA	麦道公司	—	—	—	420 697	1 235 356	1 463 703	1 110 100	672 184	361 443	182 447	—	—	—	5 445 930
航空航天研究与技术	NASA	洛·马公司	—	—	—	—	—	—	—	3 282 579	9 346 261	9 878 937	6 454 141	3 321 391	1 512 326	33 795 635
航空航天导航与飞行控制技术	NASA	麦道公司	281 550	837 076	1 071 197	901 301	612 004	370 261	210 244	115 366	—	—	—	—	—	4 399 000

（续表）

NASA 1996—1997 年尚在履约期的航空合同汇总																
			预估支出/美元													
合同标题	要约人	受要约人	1989	1990	1991	1992	1993	1994	1995	1996	1997	1998	1999	2000	2001	1989—2001（已核实）
航空航天导航与飞行控制技术(已核实)	NASA	麦道公司	—	—	—	—	—	—	634 644	1 806 979	1 909 965	1 247 825	642 148	292 389	—	6 533 950
航空航天导航与飞行控制技术	NASA	波音公司	—	—	—	—	—	—	—	982 476	2 797 327	2 956 756	1 931 718	994 089	452 638	10 115 000
用于飞行器的初级结构复合材料	NASA	诺斯罗普公司	—	—	611 281	1 794 998	2 126 790	1 612 998	976 697	525 184	265 100	—	—	—	—	7 913 048
用于飞行器的初级结构复合材料	NASA	洛・马公司	—	—	981 150	2 881 098	3 413 648	2 588 975	1 567 668	842 957	425 504	—	—	—	—	12 701 000
用于飞行器的初级结构复合材料	NASA	波音公司	—	—	560 467	1 670 023	2 256 386	2 047 852	1 513 232	999 279	619 466	370 659	217 635	—	—	10 255 000
飞机声学和噪声控制	NASA	BBN 科技公司	—	—	—	—	310 933	885 299	935 756	611 351	314 610	143 251	—	—	—	3 201 200
飞机声学和噪声控制	NASA	洛・马公司	—	—	—	—	686 818	1 955 529	2 066 981	1 350 407	694 939	361 426	—	—	—	7 071 100

（续表）

NASA 1996—1997年尚在履约期的航空合同汇总																
			预估支出/美元													
合同标题	要约人	受要约人	1989	1990	1991	1992	1993	1994	1995	1996	1997	1998	1999	2000	2001	1989—2001(已核实)
声学研发应用	NASA	韦格扬公司	—	—	—	941 951	2 681 952	2 834 806	1 852 045	953 088	433 969		—	—	—	9 697 811
声学基本研究	NASA	分析服务与材料公司	—	—	—	455 166	1 295 963	1 369 824	894 938	460 548	209 701		—	—	—	4 686 140
机翼机身融合技术	NASA	麦道公司	—	—	—	—	—	308 640	822 357	726 029	377 485	151 876	—	—	—	2 386 387
编织复合材料结构研究	NASA	阿尔法星集团	—	—	—	—	—	—	—	58 260	165 880	175 334	114 550	58 949	26 841	599 813
商用运输机合成材料机身结构	NASA	波音公司	—	—	—	—	—	—	2 331 126	6 637 256	7 015 536	4 583 414	2 358 689	1 073 980	—	24 000 000
用于民用飞机和直升机的初级结构复合材料	NASA	贝尔直升机公司	—	—	—	125 873	358 390	378 816	247 489	127 361	57 991	—	—	—	—	1 295 920
复合材料	NASA	材料与化学研究	—	—	—	—	—	—	—	58 150	165 567	175 003	114 334	58 838	26 791	598 683

（续表）

NASA 1996—1997年尚在履约期的航空合同汇总															
预估支出/美元															
合同标题	要约人	受要约人	1989	1990	1991	1992	1993	1994	1995	1996	1997	1998	1999	2000	2001	1989—2001（已核实）
航空学计算机应用	NASA	波音公司	—	—	—	—	—	21 896	62 342	65 895	43 051	22 154	10 088	—	—	225 425
可控智能复合结构	NASA	专业系统应用	—	—	—	—	—	—	—	58 013	165 178	174 592	114 065	58 699	26 728	597 274
重要的推进和降噪技术	NASA	通用电气公司	—	—	—	—	—	—	—	8 059 516	21 474 240	18 958 819	9 857 278	3 965 948	—	62 315 800
重要的推进和降噪技术	NASA	艾里逊发动机公司	—	—	—	—	—	—	—	886 897	2 525 199	2 669 119	1 743 798	897 383	408 604	9 131 000
重要的推进和降噪技术	NASA	联合技术公司	—	—	—	—	—	—	—	2 603 433	7 412 595	7 835 043	5 118 818	2 634 215	1 199 435	26 803 518
双燃料喷气式高超声速飞行器设计研究	NASA	麦道公司	—	—	—	—	—	—	600 430	1 389 255	899 466	318 782	—	—	—	3 207 934
陶瓷基复合材料声衬系统的耐久性测试	NASA	AD技术系统研究	—	—	—	—	—	—	—	—	38 800	103 381	91 271	47 455	19 093	300 000

（续表）

NASA 1996—1997年尚在履约期的航空合同汇总															
预估支出/美元															
合同标题	要约人	受要约人	1989	1990	1991	1992	1993	1994	1995	1996	1997	1998	1999	2000	2001	1989—2001（已核实）
快速精确的气动伺服弹性方法(存疑)	NASA	洛·马公司	—	—	—	—	—	70 275	20 088	211 493	138 173	71 106	32 376	—	—	723 510
容错综合飞行系统设计与演示	NASA	三角研究园	—	815 024	2 423 153	3 100 881	2 609 069	1 771 618	1 071 825	608 611	333 959	—	—	—	—	12 734 140
民用航空亚声速光传飞行控制	NASA	波音公司	—	—	—	—	—	933 376	2 740 813	3 247 433	2 462 915	1 491 336	801 913	404 786	—	12 082 571
设计飞行相关的关键系统的形式化方法	NASA	奥德赛研究协会	—	—	—	—	—	—	52 791	150 309	158 875	103 797	53 415	24 322	—	543 509
石墨纤维增强的复合材料制造	NASA	阿斯彭系统公司	—	—	—	—	—	48 565	13 826	146 157	95 488	49 139	22 375	—	—	500 000
高攻角研究机	NASA	波音公司	—	—	—	—	—	—	—	407 933	1 161 480	1 227 677	802 070	412 756	187 940	4 199 857
高性能飞行器	NASA	洛·马公司	—	—	—	—	—	—	—	—	2 569 471	6 846 247	6 044 300	3 142 619	1 264 392	19 867 030

（续表）

NASA 1996—1997年尚在履约期的航空合同汇总																
			预估支出/美元													
合同标题	要约人	受要约人	1989	1990	1991	1992	1993	1994	1995	1996	1997	1998	1999	2000	2001	1989—2001（已核实）
高性能陶瓷基复合材料	NASA	有量科技公司	—	—	—	—	—	—	—	—	153 837	409 892	361 879	188 152	75 700	1 189 460
高性能计算机系统/在先进计算机系统上进行的航空器分析	NASA	麦道公司	—	—	—	—	—	75 879	202 176	178 494	92 805	37 339	—	—	—	586 693
高速民用运输研究	NASA	洛·马公司	—	—	—	—	711 790	2 026 631	2 141 135	1 399 507	720 206	327 931	—	—	—	7 328 200
可用于高速民用运输的材料研究	NASA	波音公司	—	—	—	—	3 492 030	9 942 615	10 509 279	6 865 958	3 533 318	1 608 822	—	—	—	35 952 022
高速飞行机身结构研究	NASA	波音民机集团	—	—	—	—	—	28 161 363	83 726 671	107 144 076	90 150 611	61 214 344	37 034 532	21 029 202	11 539 200	440 000 000
高速飞行驾驶舱系统研究	NASA	霍尼韦尔公司	—	—	—	—	—	2 548 698	7 256 733	7 670 319	5 011 199	2 578 833	1 174 218	—	—	26 240 000
高速研究系统	NASA	波音公司	—	—	1 928 771	5 491 657	5 804 645	3 792 311	1 951 576	888 609	—	—	—	—	—	19 857 570

(续表)

NASA 1996—1997 年尚在履约期的航空合同汇总															
			预估支出/美元												
合同标题	要约人	受要约人	1989	1990	1991	1992	1993	1994	1995	1996	1997	1998	1999	2000	2001	1989—2001(已核实)
高速研究	NASA	麦道公司	—	—	1 277 627	3 751 689	4 445 161	3 371 295	2 041 375	1 097 677	554 080	—	—	—	—	16 538 903
航空伺服弹性高速铁电液晶光纤调制器(存疑)	NASA	BNS公司	—	—	—	—	—	—	—	56 776	161 655	170 868	111 632	57 447	26 157	584 535
高速研究计划-1项目	NASA	麦道公司	—	—	—	—	2 321 416	6 609 600	6 986 304	4 564 316	2 348 861	1 069 505	—	—	—	23 900 000
高速研究计划-1项目	NASA	波音公司	—	—	—	—	2 467 109	7 024 429	7 424 775	4 850 780	2 496 279	1 136 628	—	—	—	25 400 000
ICAPS阶段B	NASA	麦道公司	1 652 509	4 923 977	6 652 840	6 037 987	4 461 689	2 946 322	1 826 464	1 092 869	641 687	—	—	—	—	30 236 344
现场维修操作的改进	NASA	麦道公司	—	—	—	—	—	—	157 589	364 625	236 074	83 668	—	—	—	841 956
低价聚合物前驱体试验	NASA	先进模块化动力系统	—	—	—	—	—	—	—	48 532	138 182	146 058	95 423	49 106	22 359	499 661
融合式机翼设计	NASA	波音公司	—	—	—	—	—	2 311 579	6 581 599	6 956 707	4 544 980	2 338 910	1 064 974	—	—	23 798 750

（续表）

NASA 1996—1997年尚在履约期的航空合同汇总																
预估支出/美元																
合同标题	要约人	受要约人	1989	1990	1991	1992	1993	1994	1995	1996	1997	1998	1999	2000	2001	1989—2001（已核实）
融合式机翼设计	NASA	波音民机集团	—	—	—	—	—	1 726 491	4 915 717	5 195 881	3 394 591	1 746 904	795 416	—	—	17 775 000
融合式机翼设计	NASA	麦道公司	—	—	—	—	—	1 777 484	5 060 907	5 349 346	3 494 853	1 798 500	818 909	—	—	18 300 000
融合式机翼设计及技术	NASA	波音公司	—	—	—	—	—	2 215 663	6 308 504	6 668 047	4 356 392	2 241 860	1 020 784	—	—	22 811 250
智能飞行器	NASA	波音公司	—	—	—	—	—	—	—	—	1 840 431	1 293 875	—	—	—	3 134 306
智能飞控系统	NASA	麦道公司	—	—	—	—	—	—	586 649	1 357 369	878 822	311 466	—	—	—	3 134 306
智能主动损坏控制系统	NASA	波音公司	—	—	—	—	—	—	—	—	99 920	—	—	—	—	99 920
制造技术	NASA	克拉克亚特兰大大学	—	—	—	—	—	—	1 627	33 105	34 992	22 861	11 765	5 357	—	119 706
制造技术	NASA	中央州立大学	—	—	—	—	—	—	4 857	13 828	14 616	9 549	4 914	2 237	—	50 000
制造技术	NASA	Advex 公司	—	—	—	—	—	—	—	258 375	735 653	777 580	508 011	261 430	119 037	2 660 086

（续表）

NASA 1996—1997 年尚在履约期的航空合同汇总															
预估支出/美元															
合同标题	要约人	受要约人	1989	1990	1991	1992	1993	1994	1995	1996	1997	1998	1999	2000	2001	1989—2001（已核实）
制造技术	NASA	迈克珂来富株式会社	—	—	—	—	—	—	—	99 637	283 689	299 857	195 904	100 815	45 904	1 025 805
可用于高速民用运输的材料研究	NASA	波音民机集团	—	—	—	—	3 846 812	8 900 626	5 762 667	2 042 363	—	—	—	—	—	20 552 468
MD-11 主成分分析实验	NASA	麦道公司	—	—	—	—	—	—	28 848	20 281	—	—	—	—	—	49 129
聚合物复合材料的研究方法	NASA	波音公司	—	—	—	—	—	1 796 910	5 116 218	5 407 809	3 533 048	1 818 156	827 859	—	—	18 500 000
降噪技术	NASA	波音民机集团	—	—	—	—	831 979	2 368 837	2 503 845	1 635 820	841 816	383 303	—	—	—	8 565 600
用于机翼和机身的新型复合材料	NASA	格鲁曼航空航天公司	203 426	606 148	818 974	743 284	549 240	362 696	224 840	134 534	78 993	—	—	—	—	3 722 135

（续表）

NASA 1996—1997年尚在履约期的航空合同汇总															
预估支出/美元															
合同标题	要约人	受要约人	1989	1990	1991	1992	1993	1994	1995	1996	1997	1998	1999	2000	2001	1989—2001（已核实）
用于构建初级结构复合材料的新型树脂	NASA	陶氏化学公司	231 105	688 622	930 405	844 417	623 971	412 045	255 432	152 839	89 740	—	—	—	—	4 228 576
飞行控制系统 导航系统研发	NASA	韦格扬公司	—	—	308 667	906 386	1 073 924	814 485	493 184	265 192	—	—	—	—	—	3 995 700
电源管理、控制和分配	NASA	Sunstrand公司	—	—	—	—	—	—	—	985 933	2 807 179	2 967 169	1 938 521	997 590	454 232	10 150 624
电源管理、控制和分配	NASA	天合汽车集团	—	—	—	—	—	—	—	568 687	1 619 182	1 711 465	1 118 140	575 411	262 001	5 854 886
电源管理、控制和分配	NASA	波音公司	—	—	—	—	—	—	—	391 478	1 114 628	1 178 154	769 716	396 106	180 359	4 030 441
电传操纵	NASA	麦道公司	—	—	—	—	—	—	8 600 962	14 421 661	5 052 798	—	—	—	—	28 075 421
电传操纵技术	NASA	麦道公司	—	—	—	—	7 770 422	22 124 185	23 385 119	15 278 047	7 862 296	3 579 932	—	—	—	80 000 000

（续表）

NASA 1996—1997 年尚在履约期的航空合同汇总															
预估支出/美元															
合同标题	要约人	受要约人	1989	1990	1991	1992	1993	1994	1995	1996	1997	1998	1999	2000	2001	1989—2001（已核实）
飞机表面精密检查	NASA	Bouillon Christof-ferson and Schairer	—	—	—	—	—	—	—	57 222	162 923	172 209	112 508	57 898	26 363	589 123
碳基复合材料处理	NASA	材料与化学研究	—	—	—	—	—	—	—	58 278	165 931	175 388	114 585	58 967	26 849	600 000
针对亚声速飞机的推进和降噪研究	NASA	联信公司	—	—	—	—	—	—	—	1 513 075	4 308 073	4 553 605	2 974 977	1 530 965	697 093	15 577 786
动力系统与机身一体化研究	NASA	麦道公司	—	499 224	1 484 246	1 899 372	1 598 124	1 085 163	656 521	372 790	204 559	—	—	—	—	7 800 000
在支持航空研究方面的研发工作	NASA	AYT 集团	—	—	—	—	—	115 702	329 431	348 206	227 491	117 070	53 305	—	—	1 191 206
在支持航空研究方面的研发工作	NASA	AYT 集团	—	—	—	—	—	—	52 063	148 236	156 685	102 366	52 679	23 986	—	536 016
整合的依赖模型	NASA	先进技术公司	—	—	—	—	—	—	—	8 741 724	24 889 708	26 308 258	17 187 803	8 845 083	4 027 423	90 000 000

（续表）

NASA 1996—1997年尚在履约期的航空合同汇总															
			预估支出/美元												
合同标题	要约人	受要约人	1989	1990	1991	1992	1993	1994	1995	1996	1997	1998	1999	2000	2001	1989—2001（已核实）
整合的依赖模型	NASA	动力工程学	—	—	—	—	—	—	—	8 741 724	24 889 708	26 308 258	17 187 803	8 845 083	4 027 423	90 000 000
在声学和噪声控制方面的研究	NASA	麦道公司	—	336 232	987 328	1 169 828	887 220	537 226	288 874	145 817	—	—	—	—	—	4 352 524
在声学和噪声控制方面的研究	NASA	佐治亚理工学院	—	252 952	752 081	962 430	809 785	549 863	332 666	188 896	103 652	—	—	—	—	3 952 335
在空气动力学方面的研究	NASA	弗吉尼亚理工大学	—	—	—	1 218 797	2 820 012	1 825 803	647 088	—	—	—	—	—	—	6 511 700
在空气动力学方面的研究	NASA	欧道明大学	—	—	—	954 014	2 716 297	2 871 108	1 875 762	965 293	439 526	—	—	—	—	9 822 000
在微波与天线技术方面的研究	NASA	三角研究园	701 236	2 089 470	2 823 105	2 562 195	1 893 299	1 250 260	775 053	463 755	272 297	—	—	—	—	12 830 669
动力系统与机身一体化研究	NASA	洛·马公司	—	518 537	1 541 665	1 972 851	1 659 949	1 127 144	681 919	387 212	212 472	—	—	—	—	8 101 748

（续表）

NASA 1996—1997 年尚在履约期的航空合同汇总																
预估支出/美元																
合同标题	要约人	受要约人	1989	1990	1991	1992	1993	1994	1995	1996	1997	1998	1999	2000	2001	1989—2001（已核实）
航空学计算机软件研究	NASA	洛克希德沃斯堡公司	—	—	—	—	—	15 122	43 056	45 510	29 733	15 301	6 967	—	—	155 689
半刚性或刚性高温隔离	NASA	阿斯彭系统公司	—	—	—	—	—	—	—	57 926	165 930	174 330	113 894	58 611	26 687	596 379
模拟叶片金属基复合盘	NASA	联信公司	—	—	—	—	—	—	14 800	42 140	44 541	29 100	14 975	6 819	—	152 375
主动噪声控制智能结构建模技术	NASA	AYT 集团	—	—	—	—	—	—	15 129	43 074	45 529	29 745	15 307	6 970	—	155 755
用于先进航空航天结构的软件	NASA	ACTA 公司	—	—	—	—	—	—	—	—	64 666	172 300	152 117	79 091	31 821	499 995
在先进飞行器设计方面的研究	NASA	麦道公司	—	—	—	—	—	—	—	—	1 289 801	3 436 620	3 034 066	1 577 505	634 689	9 972 680

（续表）

NASA 1996—1997年尚在履约期的航空合同汇总																
			预估支出/美元													
合同标题	要约人	受要约人	1989	1990	1991	1992	1993	1994	1995	1996	1997	1998	1999	2000	2001	1989—2001（已核实）
为数字化空气动力学模拟提供的支持	NASA	三菱重工	—	—	—	—	—	—	2 151 640	6 126 217	6 475 371	4 230 512	2 177 080	991 288	—	22 152 108
为研究与技术提供的支持	NASA	洛·马公司	11 277 935	33 604 829	45 403 854	41 207 649	30 449 834	20 107 858	12 465 131	7 458 541	4 379 341	—	—	—	—	206 354 973
可供先进飞机使用的技术	NASA	洛克希德先进发展公司	—	—	—	980 262	2 791 033	2 950 103	1 927 372	991 852	451 619	—	—	—	—	10 092 242
可供商用运输机使用的初级复合材料机身结构技术审核	NASA	波音公司	—	—	—	—	—	—	—	194 261	553 105	584 628	381 951	196 557	89 498	2 000 000
技术审核/初级复合材料机身结构/商用运输机合成材料机身结构	NASA	波音民机集团	—	—	—	—	—	—	556 335	932 835	326 830	—	—	—	—	1 816 000